王浩 著

한중 언어 정책 비교 연구

한양대학교
인문과학대학
왕호

中国社会科学出版社

图书在版编目(CIP)数据

中韩语言政策比较研究/王浩著. —北京：中国社会科学出版社，2022.11

ISBN 978-7-5227-0859-1

Ⅰ.①中… Ⅱ.①王… Ⅲ.①语言政策—对比研究—中国、韩国 Ⅳ.①H1-01②H55-01

中国版本图书馆 CIP 数据核字(2022)第 193586 号

出 版 人 赵剑英
责任编辑 陈肖静
责任校对 闫 萃
责任印制 戴 宽

出 版 中国社会科学出版社
社 址 北京鼓楼西大街甲 158 号
邮 编 100720
网 址 http://www.csspw.cn
发 行 部 010-84083685
门 市 部 010-84029450
经 销 新华书店及其他书店

印 刷 北京明恒达印务有限公司
装 订 廊坊市广阳区广增装订厂
版 次 2022 年 11 月第 1 版
印 次 2022 年 11 月第 1 次印刷

开 本 710×1000 1/16
印 张 13.5
插 页 2
字 数 201 千字
定 价 76.00 元

서 문

왕 하오(王浩) 박사의 《中韩语言政策比较研究》는 그가 지난 3 년 반 동안 한양대학교 대학원 중문과에서 박사과정을 이수하는 동안 연구한 결과이다. 이 책은 한국과 중국 간의 문자, 표준어, 로마자 표기, 외래어 표기에 관한 정책을 통시적이면서도 공시적으로 비교 분석하고 있다. 이 책의 가장 큰 특징은 중국인의 시각에서 한국의 언어 정책을 매우 객관적으로 관찰하고 있는 점이다. 예를 들어, 한자를 15 세기 한글 창제 이전은 물론 1970 년대 초까지 사용한 한국의 문자로 본다든지, 한국의 로마자표기법이 1948 년 대한민국 건국 이후 빈번한 개정을 거쳤음에도 불구하고 아직 완전한 정착과 보급이 이루어지지 않은 이유 등을 잘 분석하고 있다. 또 다른 특징은 한국인의 시각에서 중국의 언어 정책을 객관적으로 분석하는 점이다. 예를 들어, 중국어 외래어 표기법이 한국어 외래어 표기법과 달리 왜 의역 위주인지 등을 잘 설명하고 있다.

이 책은 한국과 중국의 언어 정책을 전면적이면서도 전문적으로 비교한 학술서이면서도 한국과 중국의 대중들이 상대 국가의 언어 정책을 잘 이해할 수 있도록 일반 용어로 쉽게 기술되어 있다. 이 책을 통하여 한국인들은 과거 수천 년 사용해온 한자를 왜 갑자기 사용하지 않는지, 수백 년 사용해온 汉城을 왜 갑자기 首尔로 바꾸었는지를 쉽게 이해할 것이다. 이 책은 중국의 일반 독자이 한국의 언어 정책에 대한 오해를 해소하고 이해를 증진하는데 크게 기여할 것으로 기대된다.

중국 대학에 이미 재직 중인 왕 하오 박사가 한양대학교에서 박사학위를 이수하는 동안 그의 지도교수를 하는 일은 매우 즐겁고 보람 있는 일 이었다. 그는 특별히 영특하고, 사리 판단이 빠르며, 성실하고, 민첩하며, 한양대학교 중문과 역사 상 가장 빠른 기간 안에 박사학위를 수여 받은 청년 학자이다. 그가 한국어로 쓴 박사 학위 논문을 제출하자마자, 중국의 저명 출판사인 중국사회과학원 출판사에서 중문 번역본을 바로 출판되는 점에서도 그가 학자로서 얼마나 성실하고 영민한지를 잘 알 수 있다. 이 책의 출판을 진심으로 축하하며, 왕 하오 박사가 앞으로 한중 언어 정책 분야에서 더욱 큰 학문적 성취를 이루기를 기대한다. 동시에 한중 양국의 학문과 문화 및 이해 증진에 크게 기여하는 학자가 되기를 기원한다.

2022 년 2 월 22 일

한양대학교 중문과

엄익상

序　　言

作者　译

王浩博士的《中韩语言政策比较研究》是他在汉阳大学中文系攻读博士学位期间历时三年半的研究结果。这本书对韩国和中国的文字政策、标准语政策、罗马字表记政策、外来语表记政策等进行了历时性和共时性的比较分析。这本书最大的特点是，从中国人的角度非常客观地观察韩国的语言政策。例如，将汉字视为 15 世纪创制韩文之前，直至 1970 年代初韩国使用的文字。对韩国的罗马字标记法在 1948 年大韩民国建国后经历多次修订，但仍然没有完全落实和普及的原因，进行了精准的分析。另一个特点是，从韩国人的角度客观分析中国的语言政策。例如，对中文外来语标记法与韩语外来语标记法不同、以意译方式为主的原因，进行了很好地说明。

本书虽然是一本全面、专业地比较韩国和中国语言政策的学术著作，但是为了韩国和中国的普通读者能够更好地理解对方国家的语言政策，文中主要使用了较为通俗易懂的语言来进行叙述。通过这本书，读者将更容易理解韩国人为什么突然不再使用曾经使用了数千年的汉字；为什么使用了几百年的“汉城”突然变成了“首尔”。期待本书能为中国普通读者消除对韩国语言政策的误解，继而增进相互理解做出重要贡献。

已经在中国大学里任教的王浩博士在汉阳大学攻读博士学位期间，我担任他的指导教授，对我来说这是非常愉快而有意义的事情。他聪慧晰理、踏实敏锐，是汉阳大学中文系历史上获得博士学位用时最短的青年学者。他才刚刚提交了用韩国语撰写的博士学位论文，中国的著名出版社——中国社会科学出版社就马上要出版其中文译本，这足见他是一位多么踏实睿智的学者。衷心祝贺本书的出版，期待王浩博士今后在中韩语言政策研究领域取得更大的学术成就。同时，祝愿他能成为一位致力于促进中韩学术文化交流、为增进两国相互理解而做出重要贡献的学者。

2022 年 2 月 22 日
汉阳大学　中文系
严翼相

目　　录

第一章　绪论

中韩两国都是世界经济发展的主要国家之一。中国是拥有 14 亿人口的世界经济大国，2020 年国民生产总值（GDP）位列世界第二位。韩国是一个拥有 5000 多万人口的地区经济强国，2020 年国民生产总值（GDP）位列世界第十位，2021 年联合国贸易和发展委员会（UNCTAD）将韩国从发展中国家升级为发达国家。自 1992 年两国建交以来，中韩的政治和经贸合作不断加深，文化和民间各领域的交流日益密切。目前中国已经是韩国最大的贸易伙伴、出口对象国和人员往来对象国，而韩国也成为中国的第五大贸易伙伴（2020 年），中韩也互为最大的留学生来源国。

中韩具有两千多年的交往史，语言文字有紧密的联系。两国曾共同使用汉字作为书面语言，当代韩语中还有大量的汉字词作为词汇的主要组成部分，还产生了与汉字词相对应的韩国汉字音（又称朝鲜汉字音或高丽汉字音）。两国的语言文字发展，走过了相似的道路。进入 21 世纪以后，两国的语言文字交流更加活跃：一方面是很多现代汉语的词汇开始进入韩语，如“火锅、麻辣烫、游客”等；另一方面随着“韩流”的流行，一些韩语词也进入了汉语，如“欧巴、思密达、爱豆”等。但是随着两国交流的不断加深，两国之间的语言差异、文化差异也逐渐显现。比如，中国人对以下情况不太理解：

a. 韩国为什么要废除已使用了两千多年的汉字？

b. 一般中国人都觉得韩语的方言差异不大，但是在学习了韩语以后，困难。

c. 为什么韩流明星“防弹少年团”的英文写为“Bangtan Boys”缩写却是 BTS；为什么韩国前总统“李明博”的名字，英语写作 Lee Myung-bak?

d. 韩国首都的中文译名为什么从“汉城”改为了“首尔”？

另外，韩国人对中国也有很多困惑和误解。比如：

a. 部分中文口语水平较好的韩国人，到了中国的内蒙古、广东、上海等地区，有时候听不懂当地人说话，自己的中文发音和当地人也有很大差异，沟通困难。

b. 同样是学习中文，韩国人到中国内地和台湾地区学习，为什么学的汉字标音系统却几乎完全不一样？

c. 中国的“北京”，韩文为什么会有북경，베이징，뻬이징等多种拼写法？

有些问题只是涉及个人交际中的语言沟通问题（标准语读音问题，罗马字表记问题），有些却是文化差异导致的认识偏差（对待汉字的态度，关于泡菜的争议，首尔的中文译名改名），对两国人民的情感融合形成了障碍。如何妥善解决语言沟通中存在的障碍，缩小两国存在的文化认识差异，增进两国人民的相互理解是两国学者都需要为之努力的方向。

本文认为，以上中韩两国之间存在的语言沟通问题和文化认识差异，大部分可以通过两国语言政策的角度展开讨论，求得解决。具体可以从文字政策、标准语政策、罗马字表记政策、外来语表记政策四个方面展开比较研究。梳理两国语言政策发展的脉络，找到两国语言沟通障碍和文化分歧产生的原因，重点从语言学的角度出发，解释语言政策的发展对于语言文字的实际影响，从而加深中韩两国对相互之间语言文字现状的理解，探索合理调整语言政策，消除沟通障碍和文化分歧的方法。

我国实行的汉字简化与整理、推广普通话、制定《汉语拼音方案》等语言政策改革，正好与韩国的文字政策、标准语政策、罗马字表记政策相对应，使两国的语言政策比较有了可能性。而随着两国交往的加深，两国间的外来语表记政策，也成为可以深入探讨的问题。中韩两国的语言政策都有各自的优点和不足，对两国语言政策的比较，可以相互为对方语言政策的修改和完善提供借鉴，使两国的语言文字更加有利于发挥沟通交流的作用。

第一节　术语及定义

“语言政策”（Language Policy）是20世纪五六十年代兴起于西方学术界的研究热点，在相当长的时间内与“语言规划”（Language Planning）一词被同时使用，且在“语言规划”研究的高潮时期，“语言政策”的用语曾经一度淡出该领域研究者的视野。

1.1.1　不同的术语

目前学界对于“语言政策”“语言规划”“语言政策与规划”等术语未做区分。但不同的术语，其研究的侧重点实际上有所不同。

（1）语言规划

语言政策早期被称为语言规划，被划为社会语言学的研究范畴。起源于20世纪30年代语言学研究中的布拉格学派，当时布拉格学派中的一些语言学家参与了捷克语的规范化工作，提出一些“培养优美语言的一般原则”（徐大明，1997：202-203）。1959年美国语言学家豪根（Haugen）正式在论文中使用语言规划的概念。1966年美国召开“语言问题大会”（Conference of Language Problems）专门讨论与语言规划相关的社会语言学问题。1968—1969年，美国斯坦福大学“语言规划过程”（Language Planning Processes）研究项目提出了语言规划的理论框架并出版论文集《语言是可以规划的吗？》（*Can Language Be Planned?*），语言规划进入了有组织地系统研究时期。之后语言规划的研究蓬勃发展，流派纷呈，但是关于语言规划的定义却始终没有得到统一，四十多年的研究历程中出现了三十多种定义，语言规划的定义逐渐从语言学向社会学、人类学和生态学等多学科扩展，从一种语言向多种语言乃至语言环境扩展（黄晓蕾，2013：4-7）。然而多学科的交叉导致的语言规划内部研究的理论分歧，给这一学科的研究带来了困扰，一度使该学科的发展陷入停顿状态。

（2）语言政策

“语言政策”在20世纪60年代以来的西方语言学界都是作为“语言规划”的同义词在使用。进入20世纪90年代，澳大利亚语言学家卡普兰（Kaplan）和巴尔道夫（Baldauf Jr）由世界范围的语言状况调查和语言规划描写入手，试图在进一步扩大语言规划描写程度的同时，总结和提升前人的语言规划理论，通过语言状况调查和语言规划描写，摆脱语言规划的理论困境。21世纪初，以色列语言学家博纳德·斯波斯基（Bernard Spolsky）重新回归了语言政策的概念，并将语言规划的研究成果与语言生态中的其他两个因素——语言实践、语言信仰相结合，重新定义语言政策的概念，使得语言规划研究的重心，又向语言政策转移。2016年美国语言学家戴维·约翰逊（David Johnson）将语言政策的内容划分为四个部分，为语言政策的研究提供了新的视角。

到现在为止，国际学术界关于“语言规划”与“语言政策”的概念区分仍然没有取得一致的意见，目前比较通行的一种术语是“语言政策与规划”。根据本文的定义和研究重点，我们选择使用“语言政策”的术语。

1.1.2 语言政策的定义

关于“语言政策”，欧美学者、中国学者、韩国学者分别进行了不同的定义，而且“语言政策”和“语言规划”两种术语混淆使用，没有做绝对的区别，以下介绍几种主要的代表性观点。

（1）欧美学者的定义

豪根（1959）首次提出语言规划的概念，指出语言规划“是一种在非单一言语共同体中，为指导写作和言谈而制定规范的拼写法、语法和词典的行为”。卡普兰和巴尔多夫（1997）认为，语言规划是一个社会、群体或体系为了实现规划的语言变化而制定和实行的语言观念、法律、规定、规则和实践。博纳德•斯波斯基（2011）提出，语言政策由三部分组成，即语言实践（使用者在自己可操用的语言变体中进行选择的惯用模式）、语言信念或意识（关于语言和语言使用的信念）和通过任何语言干预、规划或管理的方法来修改和影响这种语言实践的所有努力。戴维•约翰逊（2016）提出，语言政策是一种影响语言结构，功能、使用或习得的政策机制。

（2）中国学者的定义

色•贺其业勒图（1994）提出依据语言的社会环境与条件，按照主体单位的意志所确定的有意识、有目的地影响语言发展变化的措施系统叫作语言政策。徐大明等（1997：199）认为，语言规划是对社会语言问题提供管理对策，也可以说是对语言问题所做出的有组织的、主动的反应和调节。陈章太（2005a：2）认为，语言规划是政府或社会团体为了解决语言在社会交际中出现的问题，有目的、有计划、有组织地对语言文字及其使用进行干预与管理，使语言文字更好地为社会服务。鲁子问（2008）提出语言政策应该是语言相关的公共权力机构制定的、为解决与公共语言生活相关的问题、实现语言相关的公共利益的行动方案。李宇明（2010：17）认为，语言规划是政府或学术权威部门为特定目的对语言生活和语言本身所进行的干预、调整和管理。

（3）韩国学者的定义

韩国国立国语院编写的《标准国语大辞典》，对语言政策（Language Policy）的定义是“国家为了使本国语言统一及发展，而实行的政策”。宋基中（1993：1）认为语言政策是“国家政府对国民日常使用的语言的施政方针”；金河秀（音）（1993：116）认为，语言政策是“国家机构或各种社会、政治团体制定的有目的计划、路线和实践。”赵泰麟（音）（2010）认为，语言政策是“国家出于政治目的，直接或间接的干预特定的语言及其使用问题所采取的一切活动。”郑熙圆（音）（2012：133）指出，语言规划是“为了使一个语言共同体内的社会成员的语言使用或者语言意识发生变化而展开的有目的的活动。”

（4）本文的定义

综合欧美、中国和韩国学者的定义来看，现在国际语言学界常常把“语言规划”“语言政策”作为同一个概念进行使用，并没有做很明确的区分，甚至更多的时候直接使用“语言政策与规划”的术语。就关注的领域来看，主要分为语言本体规划、语言地位规划、语言功能规划、语言教育规划等领域。但是仔细研究“语言规划”与“语言政策”两者的差异，我们可以看出，在不同的国家、不同的学者所使用的不同的术语，其研究侧重点也有所不同，主要体现为以下特征：

“语言规划”多用于欧美国家和中国，内容更多是从社会效应的角度来研究语言，重视的是与语言相关的公共政策对社会的影响（比如，国语地位规划、语言教育政策、少数民族语言政策等）。而“语言政策”则多用于韩国（姜贤硕，2021：256），主要是从语言学的角度出发，对与公共政策有关的具体语言方案展开研究（比如，标准语政策、外来语表记法等）。[①]

由于本文主要是对文字政策、标准语政策、罗马字表记政策、外来语表记政策的制定和实行进行研究，重点在语言方案的制定部分。这与韩国“语言政策”的术语使用领域大体一致，所以本文采用“语言政策”的说法，而不采用“语言规划”或“语言政策与规划”的术语。

综合各国学者的观点，本文对“语言政策”的定义是：国家机关、社会团体或个人，为达到人与人之间的沟通交际目的，而制定的干预语言及其使用问题的方案，以及对此方案实施的过程。本文的关注重点主要是语言政策的本体规划领域。

---

① 根据《韩国社会语言学研究 30 年的成果和课题》（2021）的统计，韩国近 30 年来的语言政策研究中，关于表记法的改善、言语醇化、字典的编纂等语言本体研究的内容占了 90%以上。

第二节　研究价值与目标

1.2.1　研究价值

由于历史上长期共同使用汉字，且韩语中存在有大量的汉字词，使中韩两国的语言文字比较具有了可能性，同时两国相似的历史发展和文化背景，使两国间的语言政策比较，具有极大的现实意义。第二次世界大战后，两国均进行了语言文字政策的改革，形成了目前的语言文字使用现状。对两国语言政策进行深入、系统的研究，可以将两国的语言文字交往历史加以梳理，同时可以对中韩双方制定相关政策，提供借鉴，具有重要的学术价值与应用价值。

（1）学术价值

首先，通过两国语言政策比较，为不同国家之间语言政策比较，提供比较标准和比较模式。

其次，第一次较为详细地对汉语中的韩语外来语及其表记方式进行了研究。

最后，对《训民正音》的字形和作用有了新的认识。古人关于“象形而字仿古篆”的理解。可以看作“象形”是指字母创制原理是模仿口腔发音部位的形状。“字仿古篆”是指组合成单词的字形受到汉字影响，写得像汉字的模样。而且《训民正音》除了是一种文字，还是一种标音工具。

（2）应用价值

首先，中韩语言政策的比较研究，可以为中韩两国的语言政策的改进，提供历史经验与借鉴。

其次，通过深入研究两国的外来语表记政策，通过提升中韩外来语翻译的准确度，有助于帮助中韩人民深刻认识对方国家的社会文化，消除隔阂。

最后，本研究将整理中韩两国现有的文献资料，以时间顺序，将中韩两国语言政策的发展历史进行梳理，为相关研究提供资料。

1.2.2 研究目标

通过本课题研究，欲达到以下几项目标：

①为不同国家之间语言政策的研究提供比较标准和比较模式；目前世界各国之间的语言政策比较，还没有一个比较科学的比较标准和模式。本文试图以中韩两国的语言政策比较为例，探索语言类型、文字类型都不同的国家之间语言政策比较的标准和模式。

②比较总结两国当代语言政策的经验教训，对相关政策提出修改意见；中韩两国在文字政策、标准语政策、罗马字表记政策、外来语表记政策上各有优缺点。通过比较可以使中韩之间相互借鉴对方的优点，弥补本国语言政策的不足。

③从语言学角度，提供解决两国部分文化分歧的途径。中韩两国在泡菜起源、首尔中文译名改名等文化议题上存在一些分歧。本文通过分析首尔中文译名修改的语言学原因，解释首尔中文译名修改的合理性。同时讨论通过改变中韩两国“泡菜”的外来语表记法的方式，在名称上区别中韩泡菜的不同，达到最大限度避免两国文化分歧的目的。

第三节　研究对象与范围

1.3.1 研究对象

本文的研究对象为中国和韩国的语言文字政策。根据两国语言文字的特点，主要结合新中国语言文字改革的三大任务，即：汉字简化与整理、推广普通话、制定《汉语拼音方案》，围绕韩国国立国语院公布的语言政策四大领域，即：文字政策、标准语政策、罗马字表记政策、外来语表记政策四大部分展开研究。其中，中国的语言文字政策主要是指汉语、汉文政策，不涉及少数民族语言文字的相关政策。

文字政策部分，主要研究两国的文字改革政策。标准语政策部分，主要包括了两国的标准语的确定及标准语规范政策。罗马字表记政策部分，主要研究两国的语音表记历史，重点研究罗马字标音系统。

外来语表记政策部分，主要包括了中韩外来语表记政策。由于两国语言中的外来语涉及的语言种类较多，作者能力所限，无法穷尽研究，所以本文主要涉及汉语与韩语相互作为外来语，进入对方语言的表记政策。对涉及英语、日语等其他语言的外来语表记政策，本文不做研究。另外，本文所研究的韩语外来语，与韩国语言学界一般所指除韩国汉字词、固有词以外的，来自其他国家的韩语外来语不同，专指来自中国的汉语外来语，包括古代的韩国汉字词和现代的汉语外来语。

1.3.2 研究范围

在空间范围上，本文主要比较中国大陆（以下简称中国）与韩国的语言政策。

在时间范围上，主要从中韩两国有信史记录以来的历史展开研究，以当代语言政策为研究重点，同时梳理古代语言政策的发展历史。即中国研究从商代有甲骨文开始，直到公元 2020 年的语言文字政策，重点研究中华人民共和国的语言政策；韩国研究从古朝鲜开始，到公元 2020 年的语言文字政策，重点研究大韩民国的语言政策。

第四节 研究方法及具体比较方法

1.4.1 研究方法

（1）文献研究法

除已有相关论著外，主要文献为中韩两国官方史书及近代报纸杂志，通过深入分析和整理零散的文献资料，勾勒出中韩两国语言政策发展的脉络和真实现状。

（2）调查研究法

主要通过网页查询、朋友访谈等途径，了解中韩两国媒体、教科书、公共场所中的语言文字应用情况，掌握当代两国语言文字政策实施的效果。

（3）比较研究法

对中韩两国不同历史时期的语言政策进行对比，同时重点对中韩两国当代语言政策进行比较研究，找到其共同点和差异，及其形成的原因。

1.4.2 具体比较方法

虽然当代中国和韩国的语言体系、文化背景、政治制度不同，但是共同使用汉字的历史，以及韩语中大量存在的汉字词，使中韩两国的语言、文字关系密不可分。语言文字的紧密联系和语言政策的相似发展道路，使得两国之间的语言政策比较成为可能。

（1）区分传统语言政策与现代语言政策

中韩语言政策的比较，要根据传统语言政策与现代语言政策的不同情况，分别予以比较。中华人民共和国和大韩民国已经分别成立 70 余年，21 世纪的世界政治、经济、文化形势与两国成立以前的社会历史背景，有了巨大变化。所以本文的研究，以中华人民共和国成立时间（1949 年）和大韩民国成立时间（1948 年）为两国语言政策各自的分界线：成立之前属于传统语言政策；成立之后属于现代语言政策。

（2）传统语言政策的比较方法

对于古代语言政策部分的比较，由于时间跨度太长，且不同的朝代有不同的语言政策，很多历史文献资料无法查找文本，所以无法进行具体语言政策的对比，只能进行大体的特点概述和简单的总体性比较。

（3）现代语言政策的比较方法

对于现代语言政策的比较，由于中华人民共和国和大韩民国的建国时间大体相当，且相关的语言政策都有具体的参考文本。所以主要根据本文所设定的文字政策、标准语政策、罗马字表记政策、外来语表记政策四项政策的具体比较标准，逐项对中韩语言政策进行比较。

第五节　先行研究和基本框架

1.5.1　先行研究

目前对不同国家之间的语言政策比较研究尚处于起步阶段。国家间语言政策比较的文章主要有송기형（2015）从公共政策学的角度，对法国和韩国的语言政策目标、管理机关，语言政策的扩大化、集中化等问题展开了探讨。LI XIAOYU（2020），对中国的海外汉语推广机构“孔子学院”，及韩国的韩语推广机构“世宗学堂”的运营情况进行了对比。WANG YIFEI（2020）对中韩两国的方言政策和两国社会的语言态度进行了对比研究。叶玉贤（2002），对马来西亚的语言政策进行了批评，认为马来西亚对华语采取了不平等的对待方式，而新加坡的语言政策是多语共存成功的典范。沈海英（2014），对中国、俄罗斯、法国、欧盟、美国、加拿大、印度、马来西亚、新加坡等国家的官方语言政策做了介绍，并将中国与这些国家的官方语言政策进行了比较。张治国（2012）对中美两国的语言教育政策进行了对比研究。穆彪（2018）对中韩两国的官方语言政策做了初步比较。

综合现有各国的语言政策比较研究成果，主要集中于欧美国家及东南亚国家之间。而中韩语言政策比较仅有的少数成果，则集中于探讨本国语言海外推广、方言政策、语言教育政策、官方语言政策等方面。对于文字政策、标准语政策、罗马字表记政策、外来语表记政策的系统性比较尚未展开。

另外，各国语言政策之间比较的标准，也尚未深入探讨。仅有的部分比较标准研究，主要集中于讨论制定本国语言政策的标准。豪根（1971）提出语言规划的标准包括效率性、适合性、可接受性。于根元（1992）提出制订语言规划要遵循科学、适用、稳妥、动态的原则。胡壮麟（1993）提出了语言规划比较的标准主要是配合的程度、计划调整的程度、宏观与微观的实施。施春宏（1996）提出语言规划的原则是多层次的，第一层是总原则，第二层是一般原则，第三层是具体原则，具体原则之下还可以有更具体的原则，一共提出了明确性、表达性、需要性等 20 多项原则。许嘉璐（1999）指出语言规划应遵循科学性、前瞻性、可行性原则。冯志伟（2000）指出，语言规划具有社会性、权威性、交际目的性、长期性、实践性等性质。陈章太（2005b）提出，语言规划要遵循科学性（具体包括求实性、动态性、人文性、系统性、可行性）、政策性（具体包括政治性、群众性、理论性）、稳妥性（具体包括传承性、宽容性、渐进性）、经济性（简便性、适用性、效益性）等原则。郭龙生（2006）提出语言规划要遵循实事求是原则、与时俱进原则、辩证统一原则、积极稳妥原则。王世凯（2015）提出语言政策的制定应遵循国情性、科学性（具体包括求实性、动态性、人文性和可行性）、稳定性（具体包括继承性、柔和性和渐进性）、合用性（具体包括适用性和管用性）等原则。

由于语言政策性质的共通性，各国语言政策的制定标准，也是各国语言政策的比较标准。综合以上研究，目前关于语言政策的比较标准研究，总体上较少，并没有一个统一的标准，且没有区分不同语言政策所应遵循的原则。但是前辈学者的探索仍有很强的启发意义，特别是施春宏、陈章太、王世凯的观点，认为语言政策制定的原则应该是多层次的，在每一层次都要设立不同的原则。根据这个观点，本文的语言政策比较标准，也将分层次、分步骤、分领域设定。

1.5.2 基本框架

本文共分为七章。第一章绪论，包括术语及定义、研究价值与目标、研究对象与范围、研究方法及具体比较方法、先行研究和基本框架；第二章语言政策的比较原则及标准，主要包括语言政策的性质、语言政策的制定原则、语言政策比较的具体标准；第三章中韩文字政策比较，主要包括中国的文字政策、韩国的文字政策、中韩文字政策比较；第四章中韩标准语政策比较，主要包括中国的标准语政策、韩国的标准语政策、中韩标准语政策比较；第五章中韩罗马字表记政策比较，主要包括中国的语音标记政策、韩国的语音标记政策、中韩罗马字表记政策比较；第六章中韩外来语表记政策比较，主要包括中国的外来语表记政策、韩国的外来语表记政策、中韩外来语表记政策比较；第七章中韩之间的相互启示。

第二章　语言政策的比较原则及标准

由于语言、文化、社会制度的差异，不同国家的语言政策，必须要确定一套客观的比较标准，才能进行科学的比较，从而得出合理的结论。为此我们需要确定语言政策的学科性质，根据语言政策自身的特点，确定不同语言政策之间比较的标准。

第一节　语言政策的性质

2.1.1　学科归属不明

从现有各国学者对“语言政策”的定义来看，对语言政策的学科性质并没有形成统一的意见。语言学家认为“语言政策”属于社会语言学或者应用语言学的学科范畴，而社会学家则认为“语言政策”属于公共政策学的研究范畴。从现有的研究成果来看，两种不同的认识，带来的研究倾向也会不同。语言学家主要关注的是语言方案本身的设计问题，如拼写法的设定、外来语表记法的符号选择等问题。而对方案如何实行及普及，关注不够。社会学家则对于语言方案的推广途径，及对社会的影响关注更多，如聚焦于语言地位规划，语言权利等议题。对语言方案本身的关心较少。

关于“语言政策”的学科性质，目前无法得出一个定论。但是通过对现有研究成果的梳理，我们可以发现，不管是语言学家还是社会学家，所有学者的研究都是围绕“语言”和“政策”而展开，区别只是各自的侧重点不同而已。因此，本文将尝试从“语言”和“政策”两个关键词出发展开研究，探讨“语言政策”的学科属性，进而从其学科属性出发，运用相应的学科研究原则和方法，展开研究。

2.1.2　具有交叉学科性质

“语言”主要是语言学研究的对象，而“政策”通常是公共政策学研究的对象。从这两个关键词出发，我们可以看出“语言政策”，既属于“语言学”又属于“公共政策学”，是属于这两个学科的交叉学科，同时具有语言学和公共政策学的性质。它首先是关于语言的政策，因此必然会涉及语言学的研究；同时语言政策本身又是人为制定的一项公共政策，其研究必然也与公共政策学有关。基于以上认识和前人的研究，我们认为，要对“语言政策”进行科学客观的比较评价，就要从语言学和公共政策学结合的角度入手，按照政策实施的过程，分阶段、分层面设定语言政策的制定标准。由于该标准是每个国家制定语言政策时都需要遵循的标准，因此这个标准也是不同国家之间语言政策的比较标准。

第二节　语言政策的制定原则

语言政策的制定，既要符合语言学和公共政策学的要求，又要根据语言政策不同的实施阶段来确定不同的原则。同时，由于语言政策在公共政策中的特殊性，所以在语言政策的制定原则中，语言学标准应该是重点。

2.2.1 语言政策实施的过程

关于语言政策的实施过程，各国学者提出了多种运行模式，比较有代表性的主要是豪根模式、郭龙生模式和戴维·约翰逊模式。

（1）豪根模式

作为最早系统研究语言政策的语言学家，豪根（1966）把语言政策实施的过程分成四个阶段：标准的选择（Norm Selection）→标准的健全（Codification）→标准的实施（Implementation）→标准的扩建（Elaboration）。

豪根模式后来经过纽特普尼（Neustupny，1970）、费希曼（Fishman，1974）和罗宾（Rubin，1971）的补充修订更加完善，但是基本的框架没有大的调整。这个模式在欧美国家具有较高的代表性。

（2）郭龙生模式

中国语言学家胡壮麟（1993）在总结欧美各国语言学家对语言政策实施过程模式的基础上，提出了语言政策的实施过程的四阶段模式：实际调查→目标→实施→评估。随后，许嘉璐（2002）提出了语言政策实施的三阶段模式：调查→研究→实施。郭龙生（2004）在许嘉璐的模式基础上，提出了完善后的三阶段模式，即：调查及评估→决策及评估→实施及评估。其特点是重视评估，并将评估过程贯穿语言政策实施的全过程。

郭龙生模式是对许嘉璐模式和胡壮麟模式的补充和完善，在中国语言政策研究中具有一定的代表性。

（3）戴维·约翰逊模式

戴维·约翰逊（2016）提出语言政策的实施过程主要包括：政策制定→政策阐释（可以看作对语言政策的宣传、解释）→政策援用（主要包括实施、重塑、忽视、抵制等内容）。其中政策阐释可以在政策制定之前也可以在政策制定之后，而政策援用必须在政策制定之后。

戴维·约翰逊的模式，对政策阐释和政策援用的作用给予了较多的重视，为语言政策实施过程提供了一个新的思路。

（4）本文的模式

豪根模式比较完整地描述了语言政策实施的全过程，郭龙生模式比较重视评估的作用，戴维·约翰逊模式，则侧重于语言政策的推行过程和结果反馈。本文结合各位学者的研究，提出以下语言政策实施过程模式（见图 2-1）：

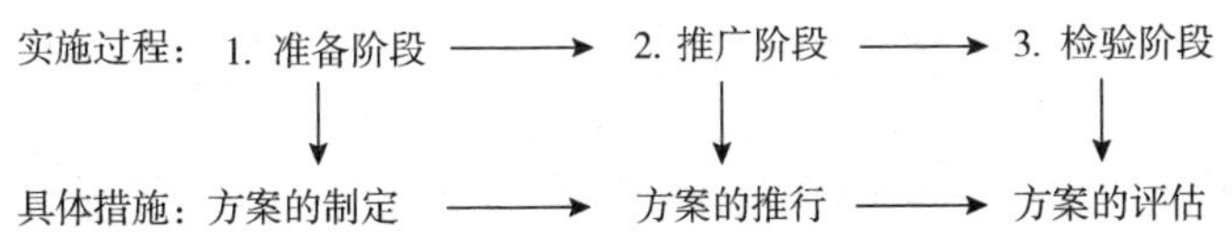

图 2-1　语言政策的实施过程

本模式基本框架将语言政策的实施过程分为三个阶段。第一阶段是准备阶段，具体措施是方案的制定，对应约翰逊模式的政策制定。包含了豪根模式中的标准的选择、标准的健全，以及郭龙生模式中的调查及评估、决策及评估等方面的内容。本阶段主要根据实际调查的结果，找到沟通交际中存在的语言问题，为解决问题而设计语言政策方案。

第二阶段是推广阶段，具体措施是方案的推行，对应豪根模式的标准的实施。包含了戴维·约翰逊模式中的政策阐释、郭龙生模式的实施及评估部分内容。本阶段主要是对制定出的语言政策方案，通过各种途径，进行宣传、推广、普及，让大多数社会成员都能熟悉、使用。

第三阶段是检验阶段，具体措施是方案的评估，对应豪根模式的标准的扩建。包含了约翰逊模式中政策援用和郭龙生模式中的实施及评估等内容。本阶段主要是对语言政策方案的普及效果进行检验，对方案设计存在的问题和方案推广的措施进行评估，并对存在的问题进行调整和完善。

语言政策的实施过程，就是这三个阶段反复循环，不断对语言政策进行制定、推行、评估和修订的过程。

2.2.2　语言政策制定的总原则

根据前辈学者对语言政策制定原则的研究，以及本文对语言政策的定义、性质和实施过程的确定。本文认为，语言政策的制定原则应该围绕解决沟通交际问题，分层次、分阶段、分领域设定。第一层次是总原则，分别在方案的制定阶段、方案的推行阶段、方案的评估阶段设定，具体表示如下（见图 2-2）：

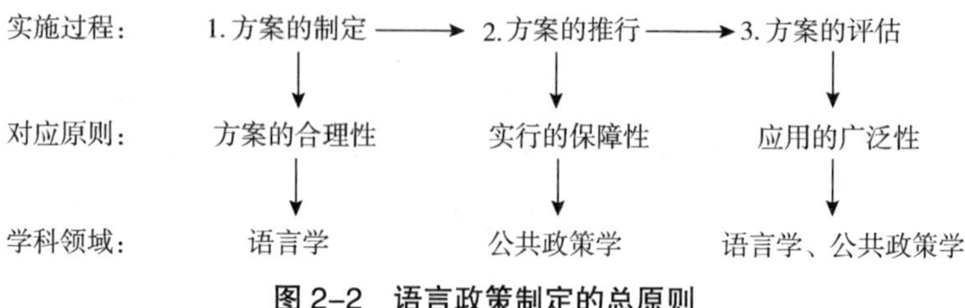

图 2-2 语言政策制定的总原则

（1）方案的合理性

方案的合理性是指制定语言政策方案要符合语言的发展规律和特定语言交际领域的特点，使语言政策方案具有完善的交际功能，能够满足沟通的需要。

在语言政策的准备阶段，需要对社会生活中的语言使用问题进行实际调查，针对存在的问题，提出解决问题的语言政策方案，在设计方案时必须科学合理，便于推广，能够达到解决语言交际中的实际问题的目的。

本原则是从语言学视角出发提出的，方案设计的合理性由影响语言系统发展的各因素决定。比如：民国初期标准语的“京国之争”中，人为制造的“国音”方案的失败，就是对标准语方案设计合理性认识不足导致的。而学者们确定以北京语音为标准音后，标准语得以迅速的推广，说明了必须对影响语言系统发展的各因素有正确认识，才能设计出成功的语言政策方案。

（2）实行的保障性

实行的保障性是指语言政策方案在推行过程中，要有具体的推行者，通过各种可行的推广规定和途径，保障语言政策方案的顺利实施。

在语言政策的推广阶段，需要有专门的语言文字管理机构，对语言政策方案进行宣传、解释，并通过法律规定，政府机关和社会团体提倡，大众媒体、教育机关普及等多种途径的推广工作，使社会中的大部分人都掌握方案的规定，实现语言政策方案普及的目的。

本原则是从公共政策学视角出发提出的，实行的保障性由方案推行的途径、方法及推行者的执行力决定。比如：中国的标准语政策，在推行过程中就由国家语言文字工作委员会主导，配合以法律保障、行政机关和大众媒体宣传推广、教育机构教学普及等多种保障措施，确保了标准语（普通话）的普及。

（3）应用的广泛性

应用的广泛性是指语言政策在推广以后，社会成员普遍使用，社会普及度高。

在语言政策的检验阶段，语言政策方案应用的广泛度是评价语言政策方案实施效果的重要标准。如果方案普及度不高，没有解决社会成员间的“人际”沟通问题，那么就必须对方案本身的设计或者推进的方法进行调整和完善。

本原则的提出，兼顾了语言学和公共政策学的视角，应用的广泛性由方案设计的科学性和方案施行的保障性共同决定。比如：中国的“二简字”改革失败，就是因为语言政策方案的设计没有遵循科学性原则，对汉字笔画简化过度，导致人们使用不便，从而导致大家不接受。而韩国推行的罗马字表记法在欧美国家认可度不高，则是由于施行的保障性出现了问题。这主要是由于韩国没有积极争取将《国语的罗马字表记法》认证为国际间韩文罗马字表记的唯一标准，使得目前国际上对韩文罗马字表记法的使用处于混乱状态。同时，现行《国语的罗马字表记法》本身对姓氏和分写法的表记规定并不完备，所以对其普及也有阻碍。

第三节　语言政策比较的具体标准

对语言政策进行比较，需要在第一层次总原则下，设定第二层次的具体比较标准。不同领域语言政策的差异，主要是语言方案设计的差异，在推广途径和效果评估的方法上差异不大。因此，设定第二层次的具体比较标准，主要在方案的制定阶段，围绕科学性的内涵进行探讨，而对于推行阶段和评估阶段，不再进一步设立新的标准，直接将“保障性”和“广泛性”作为具体标准。

2.3.1 文字政策的比较标准

文字是书面语言，具有两个最基本的功能：一是用于记录口语的符号系统，二是社会成员之间书面交流的工具。根据这两大功能，文字政策的制定，应该遵守五个标准，即，适合性、标准化、必要性三个文字政策的特殊标准和保障性、广泛性两个语言政策的共同标准（见图 2-3）。

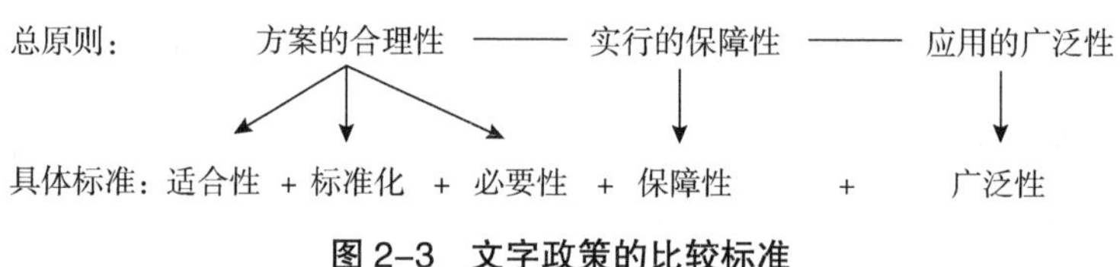

图 2-3 文字政策的比较标准

（1）适合性

适合性是指制定文字政策，能反映本民族语言的特点，能够准确记录口语，做到言文一致。

（2）标准化

标准化是指国家或社会团体对文字的使用数量、书写形体、文字读音、书写顺序等方面制定有统一的标准，确保社会成员之间能够进行顺畅地书面交流。

（3）必要性

必要性是指制定文字书写规则，要符合语言规律，对发挥文字记录口语和书面交流的功能具有必不可少的作用。

2.3.2 标准语政策的比较标准

标准语是为了使社会成员之间能够超越方言阻碍，使用口头语言进行正常沟通，而从语音、词汇、语法等三个层面，人为确定的民族共同语。根据口头交际的需要，标准语政策的制定，应该遵循五个标准，即，代表性、规范性、传承性三个标准语政策的特殊标准和保障性、广泛性两个语言政策的共同标准（见图 2-4）。

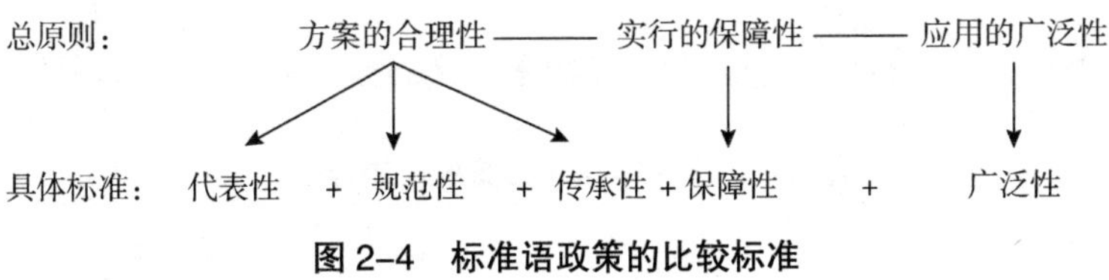

图 2-4　标准语政策的比较标准

（1）代表性

代表性是指确定标准语的基础方言，要选择在语音、词汇、语法方面有较高认同度的方言。该方言为本民族大多数成员使用或熟悉。

（2）规范性

规范性是指确定标准语的基础方言以后，对自然语言从语音、词汇、语法等层面制定相关的规范标准，统一语言的使用规则，方便社会全体成员学习、使用。

（3）传承性

传承性是指制定标准语政策，要考虑语言的历史继承性和语言习惯的延续性，遵循语言发展的规律，尊重历史习惯，避免社会交际中的沟通混乱。

2.3.3　罗马字表记政策的比较标准

罗马字表记法是不以罗马字母为书写文字的国家或民族（如中国、韩国、日本、俄罗斯、泰国等），为了与使用罗马字母文字的国家或民族（主要为欧美发达国家）交流，而制定的一套使用罗马字母表记本国或本族语音的书面文字系统。罗马字母表记法具有两大功能：一是用于与使用罗马字母的国家或民族沟通；二是用于标记本国语言的语音。根据这两大功能，罗马字表记方案的制定，应该遵守五个标准，即，融合性、接近性、简便性三个罗马字表记政策的特殊标准和保障性、广泛性两个语言政策的共同标准（见图 2-5）。

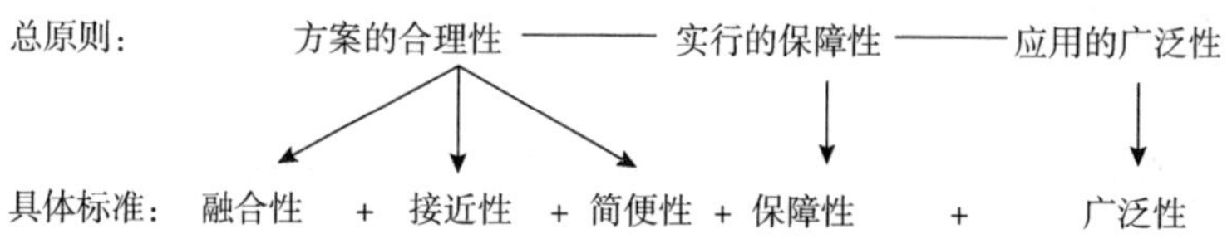

图 2-5 罗马字表记政策的比较标准

（1）融合性

融合性是指制定罗马字表记方案，要在字母的选择、拼写规则、书写习惯等方面，符合罗马字母文字的特点，能让使用欧美国家语言文字的人一看就懂。

（2）接近性

接近性是指制定罗马字表记方案在文字转换原则、音变标记规则等方面都要最大限度接近本国语言口语语音。

（3）简便性

简便性是指制定罗马字表记方案，在字母的选择、拼写规则确定方面，要符合简便、好学、好用的要求，兼顾国外和国内使用者的使用习惯。

2.3.4 外来语表记政策的比较标准

外来语是来源于外语，通过翻译的方式，使用本民族语言文字表记，被本民族吸收的新词。外来语是本民族语言中词汇的组成部分，主要用于本民族人员之间的沟通交流。根据这个特点，外来语表记政策的制定，应该遵循五个标准，即，民族性、一致性、明确性三个外来语表记政策的特殊标准和保障性、广泛性两个语言政策的共同标准（见图 2-6）。

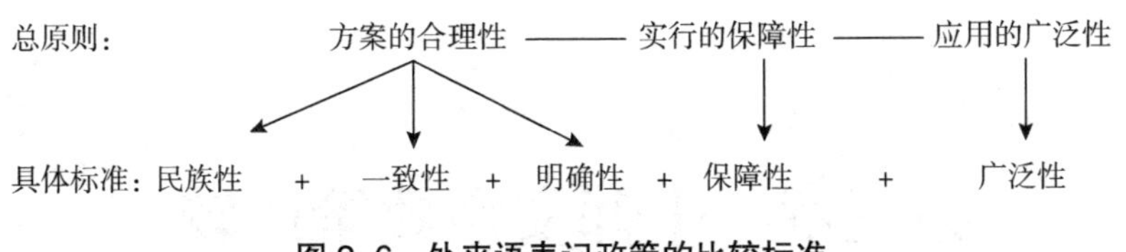

图 2-6　外来语表记政策的比较标准

（1）民族性

民族性是指外来语的表记，无论是采用音译、意译、音译加意译，都要尽量选择适合本国或本民族语言文字、文化、观念、心理等的表记方法。

（2）一致性

一致性是指制定外来语表记方案，表记规则前后一致，互不矛盾，是一个完善的表记系统。

（3）明确性

明确性是指在用本民族文字对外来语进行表记时，表记的规则明确，形成的新词表达清晰。表意文字能从字面看懂词语意思，表音文字则要与外来语的原地音发音一致或最大限度接近。

第三章　中韩文字政策比较

中国与韩国在古代共同使用汉字，两国文字政策的比较，首先，要回顾两国共同使用汉字的历史。其次，两国都曾受到外族入侵，文字政策都因外族入侵而受到影响。特别是第二次世界大战以后，中韩文字政策走上了不同的发展道路：中国经历了从废除汉字到简化汉字的思想转变，最终完成了汉字的简化和整理，成功推行了规范汉字；韩国也经历了韩文专用和汉韩混用的论争。这一论争的影响是，到了今天除了极少数领域以外，汉字基本上退出了韩国人民的日常生活。

第一节　中国的文字政策

中国的文字政策主要分为：中华人民共和国成立以前的文字政策（传统文字政策），以及现代文字政策（1949 年后）。关于中华人民共和国成立以前的文字政策，主要按照朝代顺序，将中国古代汉字政策的演变历史加以整理，同时对近代出现的繁体字的简化问题加以专题论述。对于中华人民共和国的文字政策，则主要简述中华人民共和国的文字政策整体概况，同时重点对汉字简化方案的形成进行介绍和分析，阐述从简化字到规范汉字的转变。

3.1.1　中华人民共和国成立以前的文字政策（1949 年前）

中华人民共和国成立以前的文字政策，主要是从商代甲骨文创制开始，一直到中华民国期间的文字政策。主要围绕不同时期文字政策的制定原因、主要内容、推广途径和实施效果展开研究。

（1）传统文字政策的概况

a. 商周时期的文字政策

汉字是世界上历史最悠久、最古老的文字之一。汉字产生的年代目前还不能确定，但是中国大多数学者认为，从西安半坡地区出土的陶器上面的一些刻画的记号，是汉字的萌芽（郭沫若，1972）。

商代的甲骨文，是三千多年前的文字，并且具有一定的结构规律，是相当发达的一种文字。甲骨文是殷商后期刻写在龟甲、兽骨上的一种文字，其内容大部分是记录当时统治者进行占卜的结果。“这种字体，因其刻写在甲骨片上，笔画纤细，字迹较小，方笔居多、圆笔较少。文字结构不仅从单体趋向合体，而且有了不少形声字。汉字的几种构字方法，即“六书”的原则，在甲骨文中已初步具备了。但是，在甲骨文中，多数字的笔画、结构部位都还没有定型”（濮之珍，1987，20-21）。[①]由于目前尚不能对商代的甲骨文完全识别，而且资料有限，所以商代具体的文字政策不可考证。

西周在灭亡商代以后，为了巩固统治，周公旦制定了礼乐制度，作为国家的根本政治制度。为保障礼制在全国的有效推行，西周时期对文字制定了国家标准，统一了文字。如管子记载：西周初年，周公制礼，“衡石一称，斗斛一量，丈尺一制，戈兵一度，书同名，车同轨，以至正也”（《管子·君臣中》）。西周到春秋时期的文字主要是金文。金文主要是刻在青铜器上的铭文，与商代文字相比，“字形逐渐趋于整齐方正，开始出现线条化、平直化的特征，但是象形程度仍然较强”。在制定了标准字体以后，西周还进行了大规模的规范文字推广工作，根据《周礼·秋官·大行人》的记载，“周天子召集天下史官到京师，先由周太师、太史教习文字，审听语音，统一形体。这是集中培训，然后

① 对甲骨文的结构、内容和形体特征的描述，主要参考了濮之珍（1987）的观点。

各国的史官再回到本土，教授本国专职人员，将规范的文字推行到社会基层。”[①]“另外，在天子巡守之年或间岁聘问之时，周太师、太史，还要随行到侯国教习语言，是正文字，然后由侯国有司自上而下逐级推行。”同时，周代还很重视儿童的识字教育，《周礼·地官·保氏》记载，周代规定儿童八岁入小学，主要学习“六书”，六书就是象形、会意、指事、形声、转注、假借六种造字方法。另外，周宣王时有《史籀》十五篇，是周代教授儿童认识规范字的启蒙课本。通过对官吏的集中培训和对贵族子弟的识字教育，西周时代制定的规范文字在贵族阶层中得到了普及，为礼制的推行提供了支持。[②]

b. 东周到汉代的文字政策

在春秋、战国之交，由于长期的战乱，周代的统一文字政策已经不能得到很好的执行，导致秦、齐、楚、燕、韩、赵、魏七国的文字各自发展，出现了较大的差异，除了秦国主要继承周王朝所使用的文字传统，其余六国各自发展出了新的文字形式，统称为“六国古文”。而秦国的文字则发展为“大篆”，大篆是在金文的基础上演变而来的，只是字形比金文更工整匀称，笔画圆曲而富有篆意。大篆与六国古文有同有异，与金文接近，一般比较容易认识。这一时期，国家统一的文字政策已经陷入瘫痪，学者们对相关文字政策提出了自己的呼吁，如孔子提出“正名论”，提出克己复礼，一切都按照西周的礼制规范行事。“荀子继承了孔子的观点，强调了语言文字必须规范化、标准化，并且是由国家（明王）以行政干预的方式加以实施的”（李建国，2000：37）。

秦始皇统一中国后，为了消除文字使用的混乱现象，维护国家的统一，采取了荀子的弟子，丞相李斯的意见，推行统一文字的“书同文”政策，把秦国原来使用的大篆稍加简化，作为正字推行全国。“书同文”政策所推行的文字都是对传统正体字史籀、大篆整理而成，这种经过整理和规范的秦国文字就是小篆。小篆也叫“秦篆”，保留了大篆的圆转

① 原文为：“七岁属象胥，谕言语，协辞命。九岁属瞽史，谕书名，听声音。”

② 对西周到元代汉字政策的演变及规范的叙述，主要参考了李建国（2000）的观点。

笔画。小篆是汉字第一次规范化的字体，有以下特点：第一是线条化，使用圆转匀称的线条，形体整齐，确立了汉字的符号性，汉字的书写因此有了规律。第二是统一化，把原来没有固定形式的各种偏旁统一起来，一个偏旁只有一个形体，为汉字定型打下了基础。第三是定型化，确定了每个偏旁在汉字形体中的位置，每个字形所用的偏旁固定为一种，每个字书写的笔画数也基本固定。为了提供标准的规范字体，李斯作《仓颉篇》，赵高作《爰历篇》，太史令胡母敬作《博学篇》（后合称“仓颉篇”）。在推行“小篆”的同时，淘汰了通行于原六国地区的异体字，“罢其不与秦文合者”（李建国，2000：48）。最终，秦朝的正体字小篆实现了在全国的统一。

由于秦代以法家思想治国，导致公务繁杂，公文渐多。秦代后期为了适应当时社会越来越多的记事需要，产生了一种在小篆的基础上省易快写的应急字体“隶书”。“隶书”由当时使用它的人多为“徒隶”（下级官吏）而得名，在秦代得到政府的默许，作为一种俗字与正体字小篆并行。隶书主要是在秦汉两代使用，秦代使用的隶书称为“秦隶”或“古隶”，汉代使用的隶书称为“汉隶”或“今隶”。汉代实行罢黜百家、独尊儒术的文化政策，促使“经学”得到大发展，由于大量解说经学的著作写作需要，便于快速抄录书写的隶书，在民间得到了广泛的运用，促使了用隶书撰写的“今文经学”的产生。隶书的出现，是汉字形体发展的一次大变革，是汉字演进史上一个重要的转折点。隶书对它以前字体的笔画、结构都进行了改造，把小篆圆转弧形的笔画变成了方折平直的笔画，它改变了古代汉字的象形特点，使汉字完全符号化了，所以它是古今文字的转折点，在汉字发展史上具有划时代的意义。汉代隶书，在形体上发生了巨大的变化，主要特点有：①改变了小篆的笔势，把小篆圆弧形的笔画变圆为方。②为了书写方便，也为了使汉字结构更匀称、美观，隶书把不同位置的偏旁进行了改造，使偏旁和独体字的形体不完全相同。③在隶书形成的过程中，许多原来不同的偏旁，简化归并为同一偏旁。汉代的正体字在早期仍然是小篆，当时的儿童识字教材主要是秦朝流传下来的《仓颉篇》和汉代史游新作的《急就篇》等，都是用小篆书写的教材。到西汉武帝年间，随着“今文经学”地位的提高，精通五经成为做官的必要条件，读书人不仅要学会小篆，更重要的是还要学会隶书，从而导致笔画简省的隶书正式取代小篆，成为正体字，这次正体字地位的变化被称为“隶变”。

同时东汉学者许慎写的《说文解字》对汉代文字起了统一规范作用。春秋战国时期，由于封建割据，语言异声，文字异形。秦统一后，作了统一文字的工作，“书同文”政策有一定效果。到了汉代许慎时，离秦已有三百二十年左右，隶书成为汉代的通行字体。随着汉代经学兴起，特别是由于由古文字书写的经典陆续被发现，逐渐形成了古文经学。而由于两种学派所研究的经典，使用的文字不同，引发了今文经、古文经之争，进而使文字在解释上也出现了一定程度的混乱。有的人对文字胡乱解释，如《说文解字序》上所列举的“马头人为长，人持十为斗”；许慎针对这种情况，负担起文字整理的工作，他以篆文为主要形体标准，又把古文、籀文、篆文别体一千一百六十三作为重文，这样就对当时文字起了统一规范的作用。“自从《说文解字》成书以后，文字的运用及其发展变化，就纳入了规范化的轨道，所有文字形体结构，一律以《说文解字》作为准绳。”（李建国，2000：70）但是《说文解字》是以篆文为基础编纂的字典，而当时隶书已经居于主体文字的地位，却没有标准的字体可以参照，使得经书的抄写用字产生了混乱。因此汉灵帝时期，政府将标准隶书字体的《五经》刻在石碑上，称为“熹平石经”，供天下读书人参照，这样隶书的标准字体得以固定、推广。

c. 魏晋到宋代的文字政策

魏晋南北朝时期，政权更替频繁，社会混乱，随着“九品中正制”的建立，使知识分子阶层不再专注经学，转而推崇老庄玄学，生活上追求享乐，促进了汉字书法艺术的兴起。而书法艺术的兴起，则在隶书的基础上，产生了行书、草书等字体。魏晋时的书法家钟繇把行书与隶书结合，形成了楷书。王羲之对楷书加以进一步发展，最终使楷书摆脱了隶书的影响。但是当时很有影响的字书《字林》使用的是隶书，可见魏晋时的正体字还是隶书。南北朝时期佛教流行，中国北方少数民族和汉族之间融合加速，很多佛教词汇和少数民族语言进入了汉语。为表记这些外来词，产生了很多的新造字、异体字、俗字、讹字，这些字的使用，引起了汉字使用的混乱。面对这种情况，南北朝政府都试图通过官方编订字典，用以规范汉字。北魏的江式曾奉旨编纂《古今文字》，但是由于他的去世，这部字典最终没有编成。梁朝的顾野王也奉旨撰写了《玉篇》30 卷，收字 16917 字，加注共 407530 字，是中国历史上第一部楷体字书，为当时人解决汉字使用中的实际困难提供了支持。

隋唐时期开始实行科举制度，选拔官吏采取全国统考，由于科举考试的内容主要是《周礼》《尚书》等先秦两汉时期的经书，为避免因不同经书版本用字不同导致的对经文的解说差异，因而需要统一的教材。统一的教材又要求使用统一的用字。为达到出版统一教材的目的，唐太宗命令颜师古考订五经文字，撰写《五经定本》，又下令孔颖达编撰《五经正义》。这两本官修的标准教科书，将诸经文字完全统一，从制度上保证了用字的规范。隋唐以前由于书法艺术的发展，隶书、行书、草书并行，文人写字随意，产生了大量的异体字、简体字和俗体字。为了保证科举制度的推行，规范汉字的字体，唐代产生了字样学，主要研究文字的发展变化，确立正字之法，制定文字规范标准，编纂规范辞书，指导语文教学和社会用字。字样学始于颜师古，他制作了《颜氏字样》，这本书以正字为目的，确立了楷书的标准写法。之后的字样学著作也较多，如颜元孙的《干禄字书》、张参的《五经文字》、唐玄度的《新加九经字样》都以唐代通行的楷书为正体。由于《五经文字》《新加九经字样》等书都是奉旨而作，这些楷书字样学著作与科举制度相结合，由官方在全国推行，使楷书在唐代正式确立了正体字地位。

宋代延续了隋唐以来用字和字体的规范，随着活板印刷术的发明，促进了图书出版业的发展。由于印刷用的雕刻模板多采用名家楷书，将文字限制在规格相同的活字框架内，使得楷书的印刷字体得以逐渐固定，形成了印刷用的宋体字。这一字体和后代的仿宋字体，发展至今，成为印刷用字的标准字体。宋代的用字规范基本沿袭唐代以来的习惯，官方编定了《大广益会玉篇》《类篇》等字书，便于读书人学习查阅，其收字内容，与前代差距不大。

d. 元代到民国的文字政策[①]

元代是由蒙古人建立的。忽必烈于至元六年（1269 年）二月己丑，颁布八思巴蒙古新字，并且在全国上下大力推行新蒙古字。至元十五年（1278 年）七月还将其定为“国字”，明确了“八思巴字”至高无上的文字地位和“霸权”语言的政治地位。同时，忽必烈所推行的文字政策是“蒙古化、汉化双管齐下的双重政策”（李娜，2014）。统治者既要求蒙古人学习汉文，又诏令上层汉人学习蒙古新字。因此形成了元代社会语言政策上的蒙古化、汉化并驾齐驱，双语通行的现象。但是这种双语化的语言政策并没有持续很久，到了元朝末年，随着民族矛盾的加重，元顺帝明令禁止汉人、南人学习蒙古字，将蒙古文视为蒙古贵族的特权。因此蒙古文的使用人数缩减到了最小的范围。随着元朝的灭亡和明朝的建立，汉字重新成为中国通行的文字。

明代在建立以后，在学术思想上大力推崇程朱理学，大力恢复宋代的基本制度。科举制度的内容也有了一定的转变，不再重视传统经书的解说，而采取脱离实际、注重形式的“八股取士”。从而导致为经学服务的小学发展也不大，只有一本明代初年的官修字书《洪武正韵》，虽然主要为正音而作，但是对文字发展还是有一定规范作用。

清朝是继明朝之后，统治中国的最后一个封建王朝，由满洲人所建立。满洲人有自己的文字——满文，在皇太极时期被确定为后金国的“国语”，随着清兵入关，统一中原，满语满文成为中国的“国语国文”，后世的顺治、康熙、雍正、乾隆等历代皇帝也都一直强调满语的国语地位，视其为国家之根本。但是他们一方面大力推行满文，一方面又在很大程度上采取汉化政策。清代政府重视汉族官员的作用，政府公文多用满汉双语书写。皇帝身先士卒学习汉文、汉语，上行下效，使得汉文逐渐比满文更受清朝贵族重视。为了更好地掌握和使用汉字，康熙皇帝还下令编纂了《康熙字典》，由于汉字的广泛使用，到清朝中晚期，满语

---

① 关于元代和清代文字政策的论述，参考了李娜、王琳（2014）的部分观点。

逐渐成为一种仅用于官方记载的书面语言了。

晚清到民国时期，随着西方国家打开了中国的国门，中国的知识分子将国家的落后与教育、汉字联系起来，认为中国的落后是由于汉字笔画的烦琐导致汉字难学，使得教育不能得到普及。所以大多数学者主张对汉字进行改革，部分学者主张应该废除汉字，改用拉丁字母来拼写汉语。而另外一部分学者不同意废除汉字，主张简化汉字，以利于教育普及。1911 年中华民国建立到 1949 年之间，民国时期的文字政策主要围绕汉字简化和汉字拼音化的争议展开。汉字简化的问题，主要涉及繁体字与简化字的争议。关于简化汉字的主张，由于国民党元老的极力反对，在民国时期短暂实行了几个月就废除了。而汉字的拼音化问题，则是发端于清末的“万国新语”之争，随着“五四”运动的发展，知识分子提出的新主张，其核心就是：中国近代的落后主要是由于汉字的阻碍，要想实现中国的现代化，必须废除表意的汉字，改为使用表音文字。由于汉字拼音化的主张太过激进，受到了当时大多数学者的反对。汉字拼音化的成果形成了汉语罗马字表记方案，成为辅助学习汉语的工具，没能取代汉字。

（2）近代简化字运动的发展[①]

从汉字近四千年的形体演变历史来看，总的趋势是简化。简化的过程反映了人们运用文字的基本要求。由甲骨文、金文发展到小篆，是一个简化的过程，小篆又简化成隶书，隶书又简化成草书和楷书，楷书又简化成行书。在汉字的演变简化过程中，最重大的变革有两次：一次是小篆的推行，这是历史上时间最早、规模最大的一次汉字简化运动；另一次是隶书的产生，这是汉字发展史上最大的一次字形定型化运动。汉字由不定型到定型，异体字大大减少，也是一种简化。两次大的运动都是使汉字趋简避繁，趋易避难。

而对繁体字的简化在历史上最突出的表现，主要发生于清末和民国

---

① 关于清末到民国时期简化字运动的发展概要，主要综合了苏培成（2010）、黎锦熙（2011）、黄晓蕾（2013）、王理嘉（2000）等学者的观点。

时期。由于近代以来西方国家对中国的侵略，引起了具有维新思想和社会意识的知识分子的思想动荡，他们开始将文字的使用与国家的现代化联系起来，一部分学者提出应该废除汉字，改用表音的字母文字（这个主张没有被大多数人接受，却催生了汉语的罗马字表记方案）；而另一部分学者认为，不应完全否定汉字，应该从汉字本身的改革做起，使用比正体字（繁体字）笔画书写更简单的俗体字。

1909 年，陆费逵发表《普通教育应当用俗体字》，该文分析了汉字学习的繁难，提出俗体字便宜易行的原因有二：其一笔画简单、易记易习，其二公文、考试之外已经广泛使用，普通教育自可顺利便宜地采用。但是陆费逵的思想并没有得到多少关注。“前清的学部和民国的教育部反要书坊严格地用正体字”（陆费逵，2011：295）。1920 年，钱玄同发表《减省汉字笔画的提议》，他认为拼音文字的通行至少是十年以后，而当前的十年仍然是汉字的时代，汉字声音难识的改良通过注音字母，汉字形式难写则通过减省笔画。他提出“选取普通常用的字约三千，凡笔画繁复的，都定他一个较简单的写法”。他还提出了八种减省汉字笔画的方法：a. 采取古字；b. 采取俗字；c. 采取草书；d. 采取古书上的同音假借字；e. 采取流俗的同音假借字；f. 新拟的同音假借字；g. 新拟的借义字；h. 新拟的减省笔画字。

1922 年，钱玄同提议，陆基、黎锦熙和杨树达联署向国语统一筹备会第四届大会提出“减省现行汉字的笔画案”。首先，该提案从文字的学理根据和历史发展两个方面对减省汉字笔画进行详细的论述，推崇文字的工具性，批判传统小学中的“象形”“衍形”之说，强调汉字整体发展中的减省特点，并批判清代的文字复古政策。“从殷周之古篆到宋元的简体，时时刻刻向着简易的方面进行，可说是没有间断……不料到了明清，渐渐地倒行逆施，向复古的路上走。”（钱玄同，1922：161）其次，提案提出了新的减省汉字笔画的八种方法，对 1920 年提出的八类方法进行了修正。认为简体字是“现行汉字的改良之体”。“这种通行于平民社会的简体字，在明清以降，今日以前，都是用在账簿、当票、药方、小说、唱本……上面，所谓不登大雅之堂者。我们现在应该将它竭力推行，正式应用于教育上、文艺上，以及一切学术上、政治上。我们不认为它是现行汉字的破体，认它为现行汉字的改良之体。正如我们对于白话文学一样，不认它是比古文浅鄙的通俗文学，认它是比古文进化的优美文学。”（钱玄同，1922：162）最后，提案希望国语会制定简体字并由教育部颁行，由各大书局制造钢模铅字，由学校教科书至新书、新报再至古书，次第使用。

该提案总结了清末以来整理汉字、减省汉字笔画的文字改革思潮，将该种存于学者之间的民间论述，通过提案的方式转变为民国时期文字改革的重要政策之一，在民国时期乃至后来的语言政策中占有重要的历史地位。“减省现行汉字的笔画案”提交后，经国语会议决，与熊崇熙的“行书加入小学课程案”两案合并办理，并于1923年，国语会第四届大会中成立汉字省体委员会。（黄晓蕾，2013：113）但是这一时期，罗马字母成为文字改革的主流，汉字的整理和笔画并未受到多少重视，汉字省体委员会与国语会其他委员会相比，成绩寥寥。相对于官方的较少关注，20世纪20年代后期，由于实际使用的需要，民间关于简体字的研究逐渐增多。其中主要有：《语体文应用字汇》（陈鹤琴，1928）、《简易字说》（胡怀琛，1928）、《宋元以来俗字谱》（刘复、李家瑞，1930）、《关系简字书籍举要》（陈光尧，1930）、《改造汉字刍议》（张尧祥，1931）等。同时多家报纸、杂志也开始讨论简体字。[①]

1932年，国民政府教育部公布的《国音常用字汇》在普通字体之下附简体字，收正字9920字，异体字1179字，异读字1120字，共计12219字，在字量、字形、字音、字序方面建立了初步的规范，对现代汉字的整理产生了深远影响。同时因为简体字是作为附注列于普通字体之下，因此对于简体字的推广收效不大。以下《国音常用字汇说明》中的叙述，表明当时官方对简体字有了较为积极的态度，已经开始提倡使用简化字了。“宋元以来，有一种通俗的简体字，旧称破体或小写，其笔画较普

① 陈鹤琴、胡怀琛、刘复、陈光尧、张尧祥的研究内容，转引自黄晓蕾（2013：159）。

遍之体锐减，赴速急就，颇切实用。现在应该把它推行，使书写趋于约易。故本书对于见习之简体字，酌收若干，用小字附注于普通体之下，以示提倡。”（黎锦熙，2011：176）

1935年，教育部召集第一批“简体字表”讨论会，并决定国语统一筹备委员会编制《简体字表》，委托钱玄同主持编选《简体字谱》，钱氏选了2400多个简体字提交教育部简体字审核委员会审核，委员会审定2340个字，后教育部部长又在此基础上圈出324个字，定为《第一批简体字表》。8月，教育部公布《第一批简体字表》，其审定原则为：①“述而不作”，即不造新字，就在原有的社会通行的简体字中选字。②“比较通行之简字最先采用”，即在所有的简体字中，选流传度最高的字，最先推广。③“原字笔画甚简者不再求简”，即原来的笔画已经很简单的字，不再减少笔画。同年10月，国民政府以中央政府主席、行政院长和教育部长的名义，要求全面推行《简体字表》。然而，由于一些政府要人、社会名流和民间团体的强烈反对，如“湖南省主席何键电请中央政府收回成命；太原“存文会”电请教育部切勿强制推行简体字；香港“存文会”也电请中央机关取消原有的通令；考试院院长戴季陶尤为愤慨，他甚至一把眼泪一把鼻涕地要求取消推行简体字”（苏培成，2010：111-112）。1936年2月，由教育部奉行行政院训令“简体字应暂缓推行”，将《简体字表》收回，《第一批简体字表》在公布半年之后被废止。从此，国民政府再也没有推行过简化字。

简化字虽然得不到国民政府的支持，但是因为它适应了社会的需求，所以它的发展并没有停止。学术界仍在积极地进行探讨研究，民间使用简体字的热情也持续高涨，简体字是不推而行。1936年10月，燕京大学哈佛燕京学社出版了容庚编著的《简体字典》，收简体字4445个，收字很重视偏旁类推。容庚在字典出版之前就用这些简体字试写他的《颂斋吉金图录》，出版后又在燕京大学开设简体字课加以实验。1936年11月，北新书局出版了陈光垚的《常用简字表》，收简体字3150个，其中有些字采用了草体。1937年5月，国立北平研究院字体研究会发表了《简体字表》第一表，收简体字1700个，字表提出的“借用字”“省去偏旁”“改易偏旁”“同韵代替”等简化方法以及它的编写体例，对当时的简体字运动和其后的汉字简化，都有一定的参考价值。

抗日战争时期（1937—1945 年），全民投入抗战，人民群众欢迎易学易用的简体字。在共产党领导下的解放区，油印的书报刊物和手头书写的文章里大量采用简体字。在解放战争时期（1946—1949 年），这些简体字随着共产党的军事胜利而流行到全国，被称为“解放字”。为新中国推行简化字打下了基础。

（3）中国传统文字政策的特点

中国传统的文字政策，在唐代以前主要是文字的统一。这主要体现在汉字字形和用字的规范上。基本模式是国家确定正字标准，再通过编写蒙学读物、编纂官修字典、篆刻石碑等方式，配合官吏选拔方式的促进（如科举制度），对标准字体和考试用字范围进行固定、推广，从而实现了西周到唐代之间汉字的标准字体从大篆到小篆，小篆到隶书，隶书到楷书的转变。宋代活字印刷术的发明，进一步促进了楷书字体印刷出版物的推广，形成了印刷用标准字体——宋体。

元、清两代汉字的“国字”地位，短暂让位于蒙古文和满文。不过由于蒙古贵族和满洲贵族实行的双语政策，使得汉字并没有完全被蒙古文和满文取代，甚至到清朝后期，形成了满洲贵族大部分也只会汉文，不会满文的局面。

而晚清到民国时期，中国的汉字政策，主要是汉字的简化和存废争议。晚清时期，中国受西方国家的影响，部分知识分子提出要废除汉字，将汉字拼音化，这种主张在当时引起了巨大的争议，最后废除汉字派与保存汉字派达成的妥协，就是将汉字简化，但是由于民国时期上层人士的阻挠，简化字最终没有推行成功。

3.1.2　中华人民共和国的现代文字政策（1949—2020 年）

中华人民共和国成立以后，在文字政策上的最大调整就是全面推行简化字，整理规范汉字。这使中国大陆在 20 世纪 50 年代，很快完成了扫盲目标，同时也形成了目前海峡两岸和中国香港、中国澳门地区与中国大陆在文字使用上的最大差异。

（1）中华人民共和国的文字政策整体概况[①]

中华人民共和国成立初期，国力贫弱，百废待兴，文盲率高达 80% 以上。为普及文化教育、快速扫盲脱盲，培养合格的现代劳动者，国家大力推动文字改革，1949 年开国大典前夕就启动相关工作，1954 年成立国务院直属机构“中国文字改革委员会”（简称“文改委”）。早期文字改革的方针是“走世界文字共同的拼音方向”，后来出现针对这一问题的激烈争议，政府及时搁置了争议。1956 年 1 月的《中共中央关于文字改革工作问题的指示》指出：“汉字必须改革，汉字改革要走世界文字共同的拼音方向，而在实现拼音化以前，必须简化汉字，以利目前的应用，同时积极进行拼音化的各项准备工作。”1958 年 1 月，总理周恩来在政协全国委员会报告会上作《当前文字改革的任务》的报告，正式提出作为拼音化准备工作的三大任务，而“关于汉字的前途问题，现在还不忙做出结论，可以争鸣，但不属于当前文字改革的任务范围”。换言之，“拼音化是文字改革的目标，其步骤是先简化汉字，同时为拼音化做准备，准备工作主要有推广普通话和制订汉语拼音方案”（周庆生，2013）。“文革”开始后，文字改革工作全面停顿，1975 年 9 月以后逐步全面恢复。

随着教育的普及、汉字计算机输入输出问题的基本解决，汉字改革的需求相对降低。在市场经济大潮下，社会上出现了滥用繁体字、乱造简化字、随便写错别字等混乱现象。为此，国家对语言文字政策做出重大调整。1985 年 12 月，国务院将“文改委”改名为“国家语言文字工作委员会”（简称“国家语委”），“文字改革”术语逐渐淡出人们的视野，拼音化方向也不再列入国家语文政策。1986 年 1 月召开的全国语言文字工作会议确立了“促进语言文字规范化、标准化”的新时期工作方针，明确“坚持汉字简化的方向不变”，但“汉字简化应持极其慎重的态度，使文字在一个时期内相对稳定，以利社会应用”，提出要研究

① 关于中华人民共和国文字政策发展概况，主要参考了苏培成（2010）、周庆生（2013）、宗成庆（2016）、陈章太，谢俊英（2009）、傅永和（1987）等学者的观点。

和整理现行汉字，制订各项规范标准，并治理社会用字乱象；强调要继续推行汉语拼音方案。1997 年 12 月召开的第二次全国语言文字会议继续贯彻新时期工作方针，确定了跨世纪语言文字工作的指导思想、奋斗目标和工作措施，特别提出“制定并完善语言文字应用管理法规”。2000 年，国家颁布《中华人民共和国国家通用语言文字法》（简称《国家通用语言文字法》）。

2001—2020 年，中国的文字政策主要是给汉字定型、定量、定音、定序，实现汉字的标准化。2001 年制定了《GB13000.1 字符集汉字折笔规范》对规范汉字的排序进行了确定。2013 年制定了《通用规范汉字表》及一系列汉字印刷字体的规范，对汉字的字形和数量进行了确定。另外，通过汉字审音，确定了汉字的读音。同时还颁布了《通用规范汉字笔顺规范》（2020），对“规范汉字”的笔画顺序进行了规范。

同时，为了消除海峡两岸使用不同字体造成的文字障碍，两岸合编了《两岸常用词典》。该词典的出版，消除了两岸字词在形、音、义上的差异，并且就字体的名称上达成一致，大陆出版的简体字版（2007 年），被称为“规范字形版”，台湾出版的繁体字版（2012 年）被称为“标准字体版”。2015 年大陆版《两岸通用词典》出版，收录了大陆的《通用规范汉字表》8105 个字，也收录了台湾《国字标准字体母稿》中的常用字和次常用字。

（2）简化字与规范汉字

汉字数量庞大、字形繁难，给社会应用和教育文化普及带来不便。整理和简化汉字就是精简日常使用的汉字数量，简化日常使用汉字的字形。1950 年 8 月 9 日，教育部社会教育司召开简体字的研究和选定工作座谈会，着手进行汉字简化工作。会议通过了选定简化字的四条原则：a. 整理选定已通行的简化字，必要时根据已有简字的简化规律加以适当补充。b. 所选定补充的简体字，以楷书为主，间或采取行书、草书，但必须注意容易书写和便于印刷。c. 简体字的选定和补充，以最常见的汉字为限，不必为每一繁难的汉字制作简体。d. 简体字选定后，由教育部报请中央人民政府政务院公布实行。根据这四条原则，教育部社会教育司于 1950 年 9 月 15 日编成了《常用汉字登记表》，共收常用汉字 1017 个，每个字下都选用了一个简体。其中每个繁体字平均 11 画，简体字平均每字 6.5 画。简体字与繁体字相比，平均每字的笔画数减少了五分之二。后来，根据多个团体的意见反馈，教育部重新考虑了选定简体字的原则，决定适当缩减通用汉字的数目，于 1951 年编成了《第一批简体字表》，收录了比较通行的简体字 555 个。

1952 年 2 月 5 日，中国文字改革研究委员会成立，它承担继续研究整理简体字的任务。以 1951 年拟定的《第一批简体字表》为基础，草拟简化汉字笔画和精简字数的方案。从 1952 年下半年开始到 1954 年 11 月，共拟出《常用汉字简化表草案》第一稿到第五稿，最后形成《汉字简化方案草案》。草案共分为三个表：①《798 个汉字简化表草案》；②《拟废除的 400 个异体字表草案》；③《汉字偏旁手写简化表草案》。第一表是汉字笔画的简化，第二表是汉字字数的简化，第三表是汉字写法的简化。

1956 年 1 月 28 日，国务院在《汉字简化方案草案》的基础上，通过了《汉字简化方案》及《关于公布〈汉字简化方案〉的决议》。《汉字简化方案》内有繁体字 544 个，总笔画是 8745 画；归并简化成 515 个简化字，总笔画是 4206 画。平均每一个繁体字是 16.08 画，每一个简化字只有 8.16 画，与繁体字相比，省去了一半的笔画。

根据《关于公布〈汉字简化方案〉的决议》的决定，1956 年 2 月 1 日公布了第一批推行的简化字 260 个（包括《汉字简化方案》第一表的 230 个字和《汉字简化方案》之外的偏旁类推简化字）。要求自公布之日起，在全国印刷和书写的文件上一律使用简化字。除翻印古籍和有其他特殊原因的以外，原来的繁体字应该在印刷物上停止使用。1956 年 6 月 1 日公布第二批推行的简化字 95 个；1958 年 5 月 10 日公布第三批推行的简化字 70 个；1959 年 7 月 15 日公布第四批推行的简化字 92 个，以上四批推广的简化字共 517 个。此后，简体字得以在中国大陆全面推行，机关公文、学校课本、报纸杂志等用字都以简体字为主。

到 1964 年，国家“文改会”根据《汉字简化方案》推行以来的经验，对该方案进一步优化，发布了《简化字总表》。《简化字总表》第一表收简化字 352 个，第二表收简化字 132 个（另有简化偏旁 14 个），第三表收简化字 1754 个，三个字表合计收简化字 2238 字。其中有“须”“签”两字重复出现各一次，所以实际收字 2236 个。（傅永和，1987：92）《简化字总表》的发布，标志着汉字简化工作的基本完成。（陈章太、谢俊英，2009）

在《简化字总表》发布以后，由于还有许多常用字笔画繁多，难学难写，于是便有了再次简化汉字的需求。1972 年 7 月，“文改会”着手拟定《第二次汉字简化方案（草案）》（简称“二简字”），并于 1977 年公布。这个草案共收简化字 853 个，简化偏旁 61 个。在精简汉字数量方面，草案精简了 263 个字。但是这一方案，由于其方案的设计过于简化，没有遵守“约定俗成”的原则，一味追求笔画的精简，在推行中遇到了很大的困难，最后于 1986 年被废止，并重新发表使用《简化字总表》。

同时，为便于社会使用，国家在简化汉字的基础上，还开展了大量汉字规范工作，如整理异体字、更改地名生僻字、整理汉字查字法、统一部分计量单位名称用字等，并发表了《第一批异体字整理表》（1955年）。1986 年提出汉字规范要做到定量、定音、定形、定序（简称“四定”），之后在字量、字形、部首、部件、笔顺、字音、字序等方面颁布了一系列规范标准，发表了《现代汉语常用字表》（1988 年）、《现代汉语通用字表》（1988 年）。2000 年颁布的《国家通用语言文字法》，提出规范汉字的概念，明确规范汉字是“国家通用文字”。而规范汉字是“经过科学整理并由国家正式公布，有明确的使用范围和使用标准的汉字”（全国名词委，2011）。2013 年，国务院发布历经十余年研制的《通用规范汉字表》，到此为止，中国文字政策的重点，完成了从简化汉字到推广规范汉字的转变。

（3）简化汉字的原则和《通用规范汉字表》的具体内容

简化汉字的大致原则可分为三大类：①省略，利用原本字体中的某些部件的保留，其他部件则省略而改。如以“习”代“習”，以“飞”

代“飛”。②改形，将原先不同的，复杂的部件皆改为一个简单的部件。如“鳳”改为“凤”，“鄧”改为“邓”，“雞”改为“鸡”等。③代替，有的以同音字的关系来代替。如以“干”代“乾”“幹”，以“面”代“麵”。另外还有以简化书体来代替的，例如，以行章代替楷书，如以“专”代“專”、以“书”代“書”等。（李子瑄等，2013：221）

为了贯彻《中华人民共和国国家通用语言文字法》，提升国家通用语言文字的规范化、标准化水平，满足信息时代语言生活和社会发展的需要，中国教育部和国家语言文字工作委员会，于2013年颁布了《通用规范汉字表》。

《通用规范汉字表》在整合《第一批异体字整理表》（1955 年）、《简化字总表》（1986 年）、《现代汉语常用字表》（1988 年）、《现代汉语通用字表》（1988 年）的基础上制定完成。共收字 8105 个，分为三级：一级字表为常用字集，收字 3500 个，主要满足基础教育和文化普及的基本用字需要。二级字表收字 3000 个，使用度仅次于一级字。一、二级字表合计 6500 字，主要满足出版印刷、辞书编纂和信息处理等方面的一般用字需要。三级字表收字 1605 个，是姓氏人名、地名、科学技术术语和中小学语文教材文言文用字中未进入一、二级字表的较通用的字，主要满足信息化时代与大众生活密切相关的专门领域的用字需要。另外，《通用规范汉字表》还有两个附表，分别是：《规范字与繁体字、异体字对照表》和《〈通用规范汉字表〉笔画检字表》，以方便《通用规范汉字表》的查找，使用。

一、二级字表通过语料库统计和人工干预方法，主要依据字的使用度进行定量、收字和分级。三级字表主要通过向有关部门和群众征集用字等方法，收录同时具有字音和字义，且有一定使用度的字。

《通用规范汉字表》是目前为止，满足中国社会各领域汉字应用需要的重要汉字标准，体现了现代通用汉字在字量、字级和字形等方面的规范，是中华人民共和国成立以来汉字规范工作的集大成者；该字表公布后，社会一般应用领域的汉字使用应以其为准，原有相关字表停止使用（见表 3-1）。

表 3–1　通用规范汉字表（2013）[①]

一级字表											
0001	一	0035	万	0069	飞	0103	屯	0137	斤	0171	认
0002	乙	0036	上	0070	习	0104	戈	0138	爪	0172	冗
0003	二	0037	小	0071	叉	0105	比	0139	反	0173	讥
0004	十	0038	口	0072	马	0106	互	0140	介	0174	心
0005	丁	0039	山	0073	乡	0107	切	0141	父	0175	尺
0006	厂	0040	巾	0074	丰	0108	瓦	0142	从	0176	引
0007	七	0041	千	0075	王	0109	止	0143	仑	0177	丑
0008	卜	0042	乞	0076	开	0110	少	0144	今	0178	巴
0009	八	0043	川	0077	井	0111	曰	0145	凶	0179	孔
0010	人	0044	亿	0078	天	0112	日	0146	分	0180	队
0011	入	0045	个	0079	夫	0113	中	0147	乏	0181	办
0012	儿	0046	夕	0080	元	0114	贝	0148	公	0182	以
0013	匕	0047	久	0081	无	0115	冈	0149	仓	0183	允
0014	几	0048	么	0082	云	0116	内	0150	月	0184	予
0015	九	0049	勺	0083	专	0117	水	0151	氏	0185	邓
0016	刁	0050	凡	0084	丐	0118	见	0152	勿	0186	劝
0017	了	0051	丸	0085	扎	0119	午	0153	欠	0187	双
0018	刀	0052	及	0086	艺	0120	牛	0154	风	0188	书
0019	力	0053	广	0087	木	0121	手	0155	丹	0189	幻
0020	乃	0054	亡	0088	五	0122	气	0156	匀	0190	玉
0021	又	0055	门	0089	支	0123	毛	0157	乌	0191	刊
0022	三	0056	丫	0090	厅	0124	壬	0158	勾	0192	未
0023	干	0057	义	0091	不	0125	升	0159	凤	0193	末
0024	于	0058	之	0092	犬	0126	夭	0160	六	0194	示
0025	亏	0059	尸	0093	太	0127	长	0161	文	0195	击
0026	工	0060	己	0094	区	0128	仁	0162	亢	0196	打
0027	土	0061	已	0095	历	0129	什	0163	方	0197	巧
0028	士	0062	巳	0096	歹	0130	片	0164	火	0198	正
0029	才	0063	弓	0097	友	0131	仆	0165	为	0199	扑
0030	下	0064	子	0098	尤	0132	化	0166	斗	0200	卉
0031	寸	0065	卫	0099	匹	0133	仇	0167	忆	0201	扒
0032	大	0066	也	0100	车	0134	币	0168	计	0202	功
0033	丈	0067	女	0101	巨	0135	仍	0169	订	0203	扔
0034	与	0068	刃	0102	牙	0136	仅	0170	户	0204	去

① 由于篇幅所限，本处只选录一、二、三级字表的第一页字，以简要了解本表概况。本表全部内容可查看中华人民共和国中央人民政府网站：http://www.gov.cn/zwgk/2013-08/19/content_2469793.htm。

续表

二 级 字 表

3501	乂	3535	丕	3569	圬	3603	伛	3637	厾	3671	芩
3502	乜	3536	匜	3570	圭	3604	伢	3638	阱	3672	芪
3503	兀	3537	劢	3571	扦	3605	佤	3639	阮	3673	芡
3504	弋	3538	卟	3572	圪	3606	仵	3640	阪	3674	芟
3505	孑	3539	叱	3573	圳	3607	伥	3641	丞	3675	苄
3506	孓	3540	叻	3574	圹	3608	伧	3642	妁	3676	苎
3507	幺	3541	仨	3575	扪	3609	伉	3643	牟	3677	苡
3508	亓	3542	仕	3576	圮	3610	伫	3644	纡	3678	杌
3509	韦	3543	仟	3577	圯	3611	囟	3645	纣	3679	杓
3510	廿	3544	仡	3578	芊	3612	汆	3646	纥	3680	杞
3511	丏	3545	仫	3579	芍	3613	刖	3647	纨	3681	杈
3512	卅	3546	仞	3580	芄	3614	夙	3648	玕	3682	忑
3513	仄	3547	卮	3581	芨	3615	旮	3649	玙	3683	孛
3514	厄	3548	氐	3582	芑	3616	刎	3650	抟	3684	邴
3515	仃	3549	犰	3583	芎	3617	犷	3651	抔	3685	邳
3516	仉	3550	刍	3584	芗	3618	犸	3652	圻	3686	矶
3517	仂	3551	邝	3585	亘	3619	舛	3653	坂	3687	奁
3518	兮	3552	邙	3586	厍	3620	凫	3654	坍	3688	豕
3519	刈	3553	汀	3587	夼	3621	邬	3655	坞	3689	忒
3520	爻	3554	讦	3588	戍	3622	饧	3656	抃	3690	欤
3521	卞	3555	讧	3589	尥	3623	汕	3657	抉	3691	轫
3522	闩	3556	讪	3590	乩	3624	汔	3658	㧐	3692	迓
3523	讣	3557	讫	3591	旯	3625	汐	3659	芫	3693	邶
3524	尹	3558	尻	3592	曳	3626	汲	3660	邯	3694	忐
3525	夬	3559	阡	3593	岌	3627	汜	3661	芸	3695	卣
3526	爿	3560	尕	3594	屺	3628	汊	3662	芾	3696	邺
3527	毋	3561	弁	3595	凼	3629	忖	3663	苈	3697	旰
3528	邗	3562	驭	3596	囡	3630	忏	3664	苣	3698	呋
3529	邛	3563	匡	3597	钇	3631	讴	3665	芷	3699	呒
3530	艽	3564	耒	3598	缶	3632	讵	3666	芮	3700	呓
3531	艿	3565	玎	3599	氘	3633	祁	3667	苋	3701	呔
3532	札	3566	玑	3600	氖	3634	讷	3668	芼	3702	呖
3533	叵	3567	邢	3601	牝	3635	聿	3669	苌	3703	呃
3534	匝	3568	圩	3602	伎	3636	艮	3670	苁	3704	旸

续表

三级字表											
6501	亍	6535	辿	6569	芰	6603	伭	6637	𨚕	6671	𬀩
6502	尢	6536	钆	6570	芣	6604	佖	6638	纮	6672	𬀪
6503	彳	6537	仳	6571	苊	6605	伲	6639	驲	6673	旿
6504	卬	6538	伣	6572	苉	6606	佁	6640	𫘜	6674	昇
6505	殳	6539	伈	6573	芘	6607	飏	6641	纻	6675	昄
6506	𠙶	6540	癿	6574	芴	6608	狃	6642	𬘘	6676	昒
6507	毌	6541	甪	6575	芠	6609	闶	6643	𫘝	6677	昈
6508	邘	6542	邠	6576	芿	6610	汧	6644	纼	6678	咉
6509	戋	6543	犴	6577	芤	6611	汫	6645	玤	6679	咇
6510	圢	6544	冱	6578	杕	6612	𣲘	6646	玞	6680	咍
6511	氕	6545	邡	6579	杙	6613	𣲗	6647	玱	6681	岵
6512	伋	6546	闫	6580	杄	6614	沄	6648	玟	6682	岽
6513	仝	6547	沥	6581	杧	6615	沘	6649	邽	6683	岨
6514	冮	6548	汋	6582	杩	6616	𬇙	6650	邿	6684	岞
6515	氿	6549	䜣	6583	尪	6617	汭	6651	坥	6685	峂
6516	汈	6550	讻	6584	尨	6618	沒	6652	坰	6686	㟃
6517	氾	6551	𬣞	6585	轪	6619	沇	6653	坬	6687	囷
6518	忉	6552	孖	6586	𫐄	6620	忮	6654	坽	6688	𫓧
6519	宄	6553	𬘓	6587	坒	6621	忳	6655	弆	6689	钐
6520	讦	6554	纩	6588	芈	6622	忺	6656	耵	6690	钔
6521	讱	6555	玒	6589	旴	6623	𬣙	6657	䢼	6691	钖
6522	扦	6556	玓	6590	旵	6624	祃	6658	𦭜	6692	牥
6523	圱	6557	玘	6591	呙	6625	诇	6659	茋	6693	佴
6524	圫	6558	玚	6592	㕮	6626	邲	6660	苧	6604	垈
6525	芏	6559	刬	6593	岍	6627	诎	6661	苾	6695	侁
6526	芃	6560	𫭟	6594	𫵷	6628	诐	6662	苠	6690	侹
6527	朳	6561	坜	6595	岠	6629	屃	6663	枅	6697	佸
6528	朸	6562	坉	6596	岜	6630	𫸩	6664	㭎	6698	佺
6529	郏	6563	扽	6597	呇	6631	岊	6665	枘	6699	隹
6530	邨	6564	𫭢	6598	冏	6632	阽	6666	枍	6700	㑊
6531	吒	6565	坋	6599	觃	6633	䢺	6667	矼	6701	侂
6532	吖	6566	抵	6600	岙	6634	阼	6668	矻	6702	佽
6533	屼	6567	抝	6601	伾	6635	妧	6669	匼	6703	侘
6534	屾	6568	毐	6602	㑇	6636	妘	6670	𬨂	6704	郈

（4）中国现代文字政策的特点

中华人民共和国成立初期，国民受教育程度很低，为普及教育，发展生产，必须对汉字进行改革。在改革的方向上，延续了民国时期彻底废除汉字与简化汉字的争论，最后汉字简化和整理的意见成为主流，并且将简化整理后的字，叫作“规范汉字”。在整个文字改革的过程中，政府起了主导作用，先后制定发布了《简化字总表》《通用规范汉字表》等多个字表和各项标准，完成了对汉字的“定型”“定量”“定音”“定序”等标准化工作。

规范汉字的推广，主要是从 1956 年开始，通过政府机构（国务院）颁布行政命令，以学校教育、公共媒体为主要普及途径，后期辅助以法律手段（2000 年通过的《国家通用语言文字法》）作为保障，分阶段逐步实施。

经过 70 余年的努力，最终完成了汉字笔画减少和总字数减少的任务，实现了汉字简化和整理规范的目的，满足了社会用字需求。并且随着近年来海峡两岸语言学界的合作，对于简体字与繁体字的争议，也以合编词典，用规范字和标准字的名称代替，及在字典中互相收录的方式，暂时得到了解决。

第二节　韩国的文字政策

古代朝鲜半岛没有自己的文字，主要借用汉字来表记朝鲜语。到朝鲜王朝时代，才发明了能准确表记语音的《训民正音》，并逐渐将汉字取代，成为正式文字。

3.2.1　大韩民国成立以前的文字政策（1948 年前）

古代朝鲜半岛的文字政策主要指：从历史记载的古朝鲜到近代美军政厅时期的朝鲜半岛文字政策，大体可分为两个部分，一部分是《训民正音》创制以前的文字政策。这个时期主要文字政策是使用汉字来表记朝鲜语；另一部分是朝鲜王朝世宗大王创制《训民正音》以后，朝鲜文从最开始的谚文地位，逐渐取代汉字成为朝鲜半岛的正式文字。

（1）古代韩国文字政策概况

汉字是什么时候传入朝鲜半岛的？这个问题学术界还没有达成统一的看法。根据中国古典文献记载，公元前1122年，周灭商，商朝王族箕子避难朝鲜，成为朝鲜王，部分学者主张朝鲜使用汉字即始于此。不过由于对于箕子朝鲜的记载存在争议，该主张主要流行于中国，在韩国支持度不高。以严翼相（2015、2017）为代表的部分韩国学者认为，公元前2世纪（前195年），来自中国的卫满建立卫满朝鲜，因此汉字传入朝鲜半岛应该在这个时候。另外，根据《史记》和《汉书》的“朝鲜列传”记载，公元前109年，汉朝征服卫满朝鲜，设立乐浪、临屯、玄菟、真番四郡，中国学者安炳浩、尚玉河（2009）主张汉字最晚从这个时候就已经在朝鲜半岛传播。[①]

根据中国文献记载，除了军事接触和国家交往以外，中国本土人士往朝鲜半岛移居的情况也时有发生。《三国志·魏书东夷传》写道：“陈胜等起，天下叛秦，燕、齐、赵民避地朝鲜数万口。”由此可知当时移居朝鲜半岛的汉族人口之多。这些人要同半岛人一起生活，仅凭语言是不够的，还必须使用汉字这种书写手段。这一点从平壤地区发现的青铜武器“秦戈”上刻有汉字即可见一斑。“秦戈”据考证，是公元前222年的制品，那么汉字传入朝鲜半岛的年代至少要在此之前。朝鲜半岛出土的燕国时期的明刀钱也能说明这一点，这些刀币上也刻有汉字3021个。（李基白，1994：17）根据以上事实，学者李德春主张汉字是在公元前3世纪前后传入朝鲜半岛的。（李得春，2003a：6）综合现有学者的观点来看，汉字传入朝鲜半岛的历史，在东汉以前是基本可以肯定的，这也相当于朝鲜半岛三国时代以前的卫满朝鲜和汉四郡时期。

---

① 关于汉字传入朝鲜半岛的时间，主要参考了严翼相（2015、2017）、李得春（2003a）、安炳浩（2009）的相关观点。

汉字传入朝鲜半岛后，要成为国家的公用文字，需要一定的时间和实际应用过程，对于这点，我们可以对当时的高句丽、百济、新罗三个国家分别进行考察。据《三国史记》（1145 年）记载，高句丽建国初期原有《留记》百卷，公元 600 年命李文真改编为《新集》5 卷；百济于 375 年命高兴编写《书记》；新罗于 545 年命居柒夫等人编纂《国史》。①

高句丽建于公元前 1 世纪，建国初期已写出《留记》百卷，说明高句丽上层人物已经具有相当高的汉文水平。同时，高句丽在公元 372 年即第 17 代王，小兽林王二年，成立了太学，传授儒家思想，而儒家经典都是由汉字写成的中国典籍，教授这些书籍自然离不开汉字，这说明汉字已经成为当时国家公用的书写工具。据《旧唐书·东夷高句丽传》中记述，高句丽除中央的太学外，还在各地设立了学校，让“子弟于未婚之前，昼夜于此读书”，所读书籍以《五经》为主，还有《史记》《汉书》《后汉书》《晋春秋》《玉篇》《字林》等，这些书籍由中央向地方传播的过程，也是汉文的地位进一步提高的过程，同时也说明了在这之前，高句丽国内已经具备了传授这些典籍的汉文水平。

百济在公元 375 年编纂《书记》的事实也是汉字成为公用文字的有力证据。另据日本历史记载，百济的王仁在晋武帝太康六年（公元 284 年）带领织工去日本时，曾带去《论语》和《千字文》。由此可见，汉字在百济的普及甚至已影响国外。据《新唐书·东夷百济传》中记述说，百济时已有儒家经典，这正是指用汉字记载。

据《三国史记》记载，新罗在公元 545 年居柒夫等编纂《国史》以前，就已经把王号和国号改成汉文式。此事发生在智证王四年（公元 503 年），说明当时汉文、汉字在新罗早已盛行，甚至已经到了用汉字来称国号和王号的程度。

除了文献的记载，朝鲜半岛三国时代的一些文物上，汉字的遗留也充分说明了当时汉字的地位。这些事实充分说明，汉文在三国时代已经

① 汉字传入朝鲜半岛以后，从三国时代到大韩民国时期的文字使用和变化情况，主要参考李得春（2003a）中的观点。其中关于日本殖民时期的文字政策，重点参考허재영（2010b、2011）中的观点。

支配了这些国家的文字生活。由于古代三国的发展情况和地理位置各不相同，汉字借入后要成为国家的公用文字，成为朝鲜民族的书写手段，也需要不同的时间，并且在三国中的实际使用情况也不可能完全相同。其中高句丽首开先河，早在4世纪前就已经把汉字作为公用书写工具来使用了。由出土文物和文献记载可以推断，新罗晚于高句丽，大约于5世纪开始把汉字作为公用书写工具。将百济已发现的历史文物同百济国的形成过程联系起来看，可以推定百济把汉字作为公用书写手段应与高句丽相似或至少早于新罗。（李得春，2003a：6-7）

三国时代，最后是由新罗统一了朝鲜半岛，建立了统一新罗王朝。因此新罗使用汉文政策也得以保留和延续，之后的高丽王朝、朝鲜王朝均保留了这一传统，将汉字作为正式的书写工具。虽然朝鲜王朝在世宗时代就创制了《训民正音》。但是《训民正音》一直都是作为汉字的辅助工具来使用的，被称为“谚文”。而汉字被称为“真书”。直到1894年朝鲜王朝进入开化期，才宣布将《训民正音》作为正式的国文，代替汉字。但是这一政策并没有推行成功。

统一新罗时代，新罗派遣了大量的遣唐使到中国，带回了很多中国的典籍，其中中国的字书，如《尔雅》《说文解字》等也被带回了新罗。从此中国的字书就成为古代韩国人学习汉字的标准。高丽时代推行科举制度，以中国的《四书五经》作为考试内容，因此《经书》也成为高丽人学习汉字的教材。到朝鲜时代，朝鲜人除了学习中国的字书、经书以外，还自己编辑了《全韵玉篇》《字典释要》等字典，供国人学习汉字使用。同时为了教小孩认识汉字，朝鲜时代除了使用中国的蒙学读物《千字文》，还编辑了《训蒙字会》《类和》《童蒙先习》《童子习》《击蒙要诀》等识字读物，使得汉字能够在“两班”贵族中得到普及。[①]

1910年日本殖民政府建立了朝鲜总督府，将日语日文定为“国语国文”，在朝鲜半岛强力推行日文普及政策，通过几次教育令，使学校

① 关于《尔雅》《说文解字》等中国字书在朝鲜半岛的流传，主要参考了任晓菲等（2021）、唐铭逸（2020）等文章的观点。关于朝鲜时代蒙学读物和韩国自编字典的内容，参考了박나영・량야오중（2019），李得春（2003a）等学者的观点。

中主要学习日文，将韩文边缘化（허재영，2011：20-21）。1945 年日本投降，朝鲜半岛南部进入美军政厅时期，美军政厅政府在半岛南部实行去殖民化的教育政策，推行美式教育，更改学制（许大宁，2009：79）重新重视朝鲜文。1945 年 12 月 8 日，半岛南部的朝鲜教育审议会通过"废除汉字使用决议"。该决议由朝鲜教育审议会第 9 分科委员会（教科书分科）讨论通过，内容是决定废除汉字，并采用横向书写，同时在学校教育中实行。但是，教科书中在括号内插入了必要的汉字，初、高中学校还另外设立了汉文课程。这种学校和社会的二元化文字生活和教科书中插入汉字的情况一直持续到了 1970 年。（李得春，2003a：544）

（2）朝鲜文（韩文）的产生及传播

15 世纪初，朝鲜的经济文化发展到了历史的鼎盛阶段。为了消除"国之语音，异乎中国，与文字不相流通"的矛盾，更好地推进文化交流与发展，1443 年，世宗大王遂令郑麟趾、申叔舟、崔恒、成三问等一批优秀学者开始表音字母的创制工作。世宗大王等人根据当时朝鲜八道方言中男女音质的差异、地理环境和风土风情的特点，参照中国汉语和蒙古语、女真语的音韵，并依据中国的《吴韵》《广韵》《洪武正韵》等韵书和经书，经过三年的不懈努力，于 1446 年正式颁布了由 17 个辅音和 11 个元音组成的《训民正音》（史称"谚文"）（见表 3-2）。据《朝鲜王朝实录》记载，世宗二十八年九月，以御制告示全国"以二十八字而转换无穷，简而要，精而通，故智者不崇朝而会，愚者可浃旬而学。以是解书，可以知其义；以是听论，可以得其情"。《训民正音》的内容包括以下几个部分：①御制序文：说明训民正音的创制目的。②例义篇：说明每个字母的音位及使用方法。③解例篇：包括制字解（说明制字原理、制字标准等）、初声解、中声解、终声解、合字解、用字例等几个部分。④郑麟趾的后序：记录了新字母的创制的缘由、创制学者等。[①]

---

① 关于《训民正音》的创制及内容，主要参考了李得春（2003a）、安炳浩、尚玉河（2009）、李觐洙（1987）、심소희（2005）等学者的相关观点。

表 3–2 《训民正音》字母表（심소희，2005）

五音	상형내용	기본자	가획자	이체자	오행	오시	오음	오방
牙	象舌根闭喉之形	ㄱ	ㅋ	ㆁ	木	春	角	东
舌	象舌附上颚之形	ㄴ	ㄷ ㅌ	ㄹ	火	夏	徵	南
唇	象口形	ㅁ	ㅂ ㅍ		土	季夏	宫	中央
齿	象齿形	ㅅ	ㅈ ㅊ	ㅿ	金	秋	商	西
喉	象喉形	ㅇ	ㆆ ㅎ		木	冬	羽	北

		자형	상형내용
기본자	ㆍ	圆	象乎天
	ㅡ	平	象乎地
	ㅣ	立	象乎人

		제자기준	자형설명
초출자	ㅗ	ㆍ与ㅡ合而成	取天地初交之义也
	ㅏ	ㅣ与ㆍ合而成	取天地之用发于事物待人而成也
	ㅜ	ㅡ与ㆍ合而成	亦取天地初交之义也
	ㅓ	ㆍ与ㅣ合而成	亦取天地之用发于事物待人而成也
재출자	ㅛ	与ㅗ同而起于ㅣ	起于ㅣ而兼乎人，二其圆者 取其再生之义也
	ㅑ	与ㅏ同而起于ㅣ	起于ㅣ而兼乎人，二其圆者 取其再生之义也
	ㅠ	与ㅜ同而起于ㅣ	起于ㅣ而兼乎人，二其圆者 取其再生之义也
	ㅕ	与ㅓ同而起于ㅣ	起于ㅣ而兼乎人，二其圆者 取其再生之义也

正式颁布之后，世宗大王采取了一系列推广朝鲜文（当时称“谚文”）的辅助政策。如“吏科及吏典取才时，训民正音，并令试取。”即在选拔官吏时，将“训民正音”作为必考科目，即使不通义理，能熟练使用朝鲜文的人也可以优先录取。不仅如此，世宗还提倡在公文和个人书信中使用朝鲜文，并用朝鲜文创作了《龙飞御天歌》，这是第一次采取朝鲜文与汉文混用的书写形式。1449 年世宗亲自选编的《月印千江之曲》也是朝鲜文与汉文混用文体。朝鲜王朝世祖、成宗在位期间，根据法制，《训民正音》和其他儒学经典一样，作为儒生主要的学习功课和官员选拔

的重要指标，得到发展。[①]

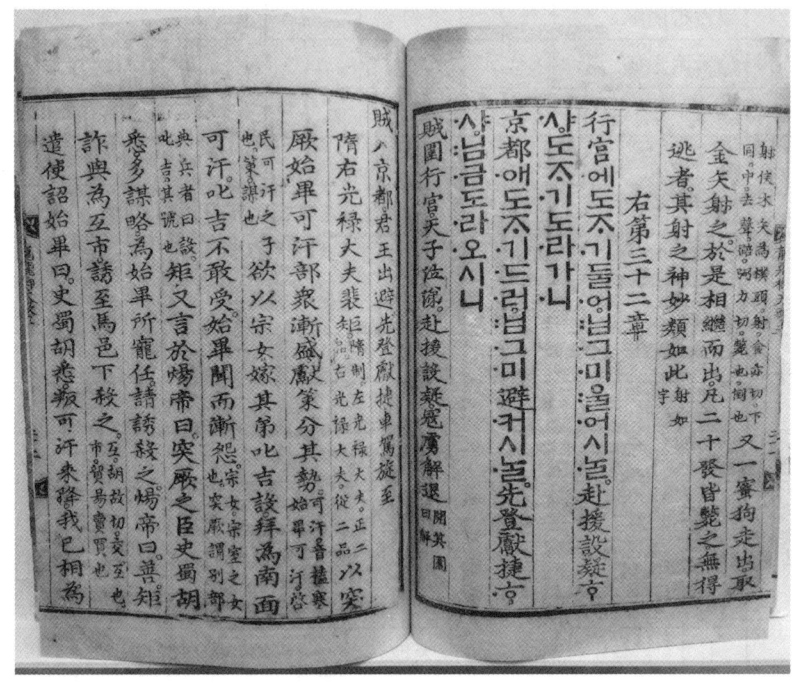

图 3–1 《龙飞御天歌》原文

1494 年朝鲜第十代君主燕山君即位后，实施暴政，大臣使用谚文写招贴来批判暴政，因此燕山君下令禁止使用谚文，史称“谚文禁乱”。这使刚发展不久的谚文陷入了停滞的状态，并且有了衰退的倾向。直至“中宗反正”，设立了“读书堂”用以促进《训民正音》的研究和刊行事业，在朝廷内部对大臣们使用《训民正音》实行奖励，谚文才从一定程度上得到了复兴，但也主要是作为辅助识读汉字的工具，普遍用于佛教和儒家经典、语言文学、农医书等书籍的编写和翻译。同时，两班贵族和文人们认为，在自古以汉民族文化为主导的东亚地区里，废除

① 关于《训民正音》创制以后到日本殖民时期，朝鲜文的传播及使用情况，参考了周四川（1986）、宋紫薇，李梦（2019）、李觐洙（1987）、허재영（2010a）的相关观点。

长久以来使用的汉字，实行与朝鲜语音相配合的谚文，无异于让朝鲜抛弃中华文明，而成为夷狄之邦。这也使得谚文遭到了朝鲜两班贵族和文人的共同抵制，通用范围受到限制，只得“布世民间”。在百姓中得到了传播这一时期朝鲜著名古典名作《春香传》和《沈清传》等在汉文版本的基础上，出现了谚文版本，正是这一现象的体现。

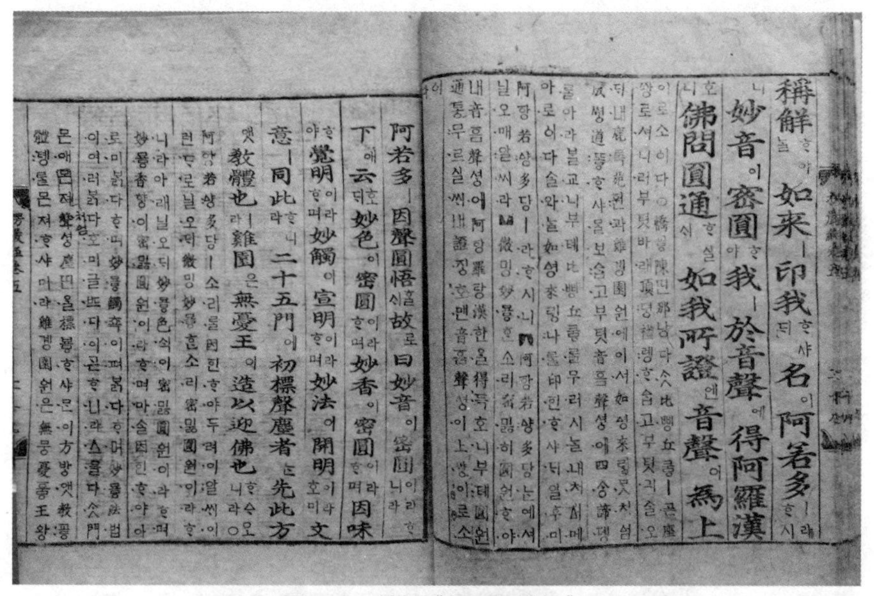

图 3–2　佛经《楞严经谚解》

朝鲜王朝进入开化期之后，“谚文”才有了正式文字的地位，被确定为“国文”，政府规定正式公文采用汉文与谚文混合的方式进行书写。当时，各民间团体以及学术界也通过创办朝鲜文报纸、开设朝鲜文学堂等活动，掀起了一场国文运动。随着朝鲜半岛被日本帝国主义强占，这场朝鲜文普及运动被日本总督府残酷镇压。朝鲜民众对日本帝国主义的反抗情绪日趋强烈，一直从事个人研究的语言学者们逐渐聚集起来，成立了朝鲜语研究会，用以进行朝鲜语的法理研究，并研究出了《朝鲜语缀字法统一案》等多项朝鲜语规范，为谚文代替汉字做好了理论准备。

1945 年，美军政厅时期的学务部根据朝鲜语教育审议会的意见，在其公布的语言政策中规定小学和初中教科书不能使用汉字，政府文书也

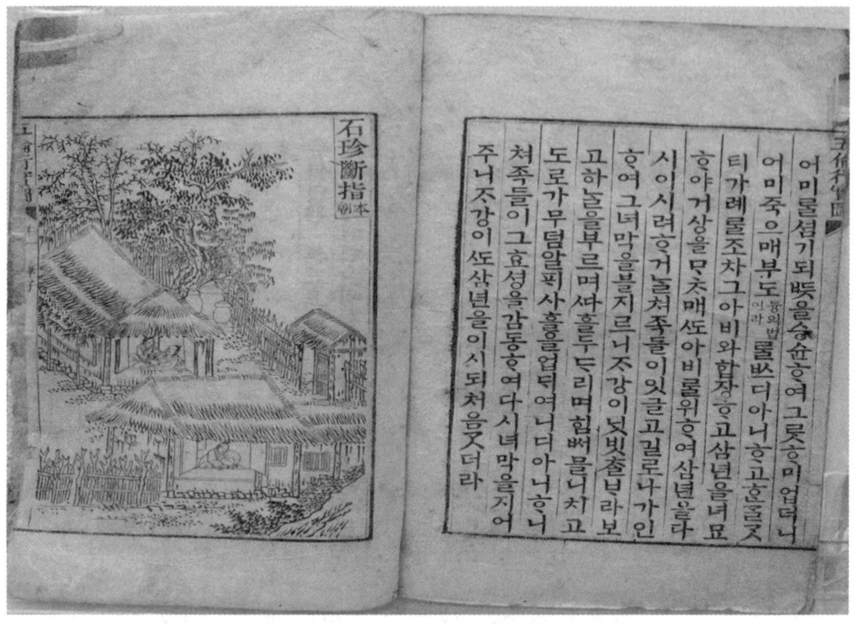

石珍斷指

어미를셤기되ᄯᅳᆺ을승슌ᄒᆞ여그릇ᄒᆞ미업더니
어미죽으매부도(불의법이라)를ᄡᅳ디아니ᄒᆞ고ᄒᆞᆫᄀᆞᆯᄀᆞᆺ
티가례를조차그아비와합장ᄒᆞ고삼년을녀묘
ᄒᆞ야거상을ᄆᆞᄎᆞ매ᄯᅩ아비를위ᄒᆞ여삼년을다
시이시려ᄒᆞ거ᄂᆞᆯ쳐족들이잇글고길로나가인
ᄒᆞ여그녀막을블지르니조강이ᄂᆞᆺ빗ᄎᆞᆯᄇᆞ라보
고하ᄂᆞᆯ을부르며셔ᄒᆞᆯ두ᄃᆞ리며힘ᄡᅥ블니치고
도로가무덤알픠사흘을업ᄃᆡ여니디아니ᄒᆞ니
쳐족들이그효셩을감동ᄒᆞ여다시녀막을지어
주니조강이ᄯᅩ삼년을이시되처음ᄀᆞᆺ더라

图 3–3 教化类教材《五伦行实图》

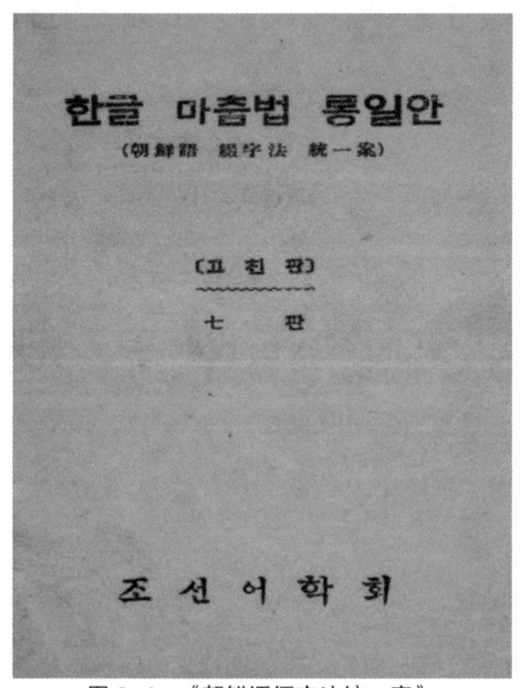

图 3–4 《朝鲜语缀字法统一案》

要用纯朝鲜文书写，不得已的情况下可以并写汉字。具体内容如下：第一，中小学校原则上使用朝鲜文，不再使用汉字。第二，普通教科书必要时允许混用汉字。第三，在中学开设现代汉语或古典汉文科目，方便与中国在文化、政治、经济方面的交流，打开接触东亚古典文化的道路。第四，为尽快落实“不用汉字”的政策规定，观光文书、地名和人名必须使用朝鲜文（极特殊情况下允许使用汉字）。第五，以上四条规定需要社会民众尤其是出版社、作家和学者们的协助与配合。这项政策也是朝鲜半岛南部官方正式废除汉字的首例。①

（3）朝鲜半岛传统文字政策的特点

朝鲜半岛传统的文字政策特点，主要是借用汉字和《训民正音》的使用，两种情况。在三国时代以前，汉字传入朝鲜半岛，到三国时代，高句丽、新罗、百济三国的贵族已经能够熟练应用汉字，所以三国都留下了汉字写成的史书，完全按照汉语习惯写成。这一传统在统一新罗王朝、高丽王朝、朝鲜王朝时代都得以保留。各代政府都采取学校教授中国经书、使用蒙学识字读物、编纂字典等方式普及汉字，并且从高丽时代开始推行的科举制度，也促进了汉字在朝鲜半岛的普及。

朝鲜王朝第四代王世宗时代，根据朝鲜语的特点，组织人员创制了《训民正音》。从此，朝鲜语的口语能够被准确地记录，但是由于朝鲜时代两班贵族的反对，《训民正音》并没有大面积在知识分子阶层推行，只能在下层人民中进行传播，上层贵族还是以使用汉字为主，直到朝鲜王朝进入开化期，高宗才宣布朝鲜文为“国字”，要求在正式公文中使用“国字”，但是实际上，当时的公文仍然是汉字与朝鲜文混用的情况。

日本殖民时期，朝鲜总督府将日文列为“国文”，朝鲜文被边缘化。但是民间的朝鲜语学会编写了《朝鲜语缀字法统一案》等书写规范，使得朝鲜文虽然被日本占领政府压制，但是却得到了一定的发展。美军政府初期，美军当局宣布用英文为正式官方用语，朝鲜文也没有取得应有

① 美军政府时期的废除汉字政策，主要参考李得春（2003a）、정준섭（1990）、김재원（2019）、이용주（1990）、邵磊（2013）等学者的相关观点。

的“国文”地位，到 1947 年，成立南朝鲜过渡政府时期，才开始出台法案保障朝鲜文的“国文”地位。

3.2.2 大韩民国的文字政策（1948—2020 年）

大韩民国的文字政策，总体经历了“韩文专用”与“韩汉混用”的论争，并且经历了几次政策的反复，最终形成目前韩国文字生活中，除少数领域以外，汉字基本上退出了韩国人日常生活的现状。

（1）大韩民国文字政策发展概况①

1948 年，大韩民国国会制定了《韩文专用相关法（第 6 号法案）》，规定实行韩文专用，但必要时允许并用汉字。该法律仅适用于政府机关的文件，普通出版物、报纸、杂志等不予干涉。对除文教部门之外的其他部门不加以限制，延续了 1945 年法案的规定。1950 年，内务部通令容许夹写汉字，1955 年，文教部正式颁布《韩文专用法》。1961 年朴正熙总统曾试图自 1962 年 3 月起，在韩国所有出版物中全面取消汉字。但该计划遭到了以南广佑为代表的国语国文学会的一些学者的反对，朴正熙只好暂时放弃。1968 年 10 月 9 日是韩文诞生 522 周年纪念日，朴正熙在这天发表的总统致辞中宣布，韩国将从 1970 年 1 月 1 日起全面实行“韩文纯用”。同年 10 月 25 日，朴正熙向政府文教部下达了关于实行“韩文纯用”的七项指示：一、所有的行政、立法、司法文书以及公民向这些机关所提交的书面材料一律不准使用汉字，否则不予受理、采用。二、在文教部设立“韩文专用研究委员会”，负责研究简易的韩文标记法及其普及方法，以便为韩文的普及创造条件。三、研制开发韩文打字机，并搞好普及工作，直至将其推广至每一个基层机关。四、通过奖励等手段，鼓励舆论出版界实行“韩文专用”。五、由于 1948 年《韩文专用法》中有“在一定时期内，在必要时，可以并用汉字”的规定，因此，要对该法律进行修正，以便为全面实施“韩文专用”提供法律保证。六、

① 关于大韩民国文字政策发展概况，主要参考邵磊（2013）、崔丽红（2012）等学者的观点。

全面废除各级各类学校教科书中的汉字。七、将韩国的古典文献从汉字译成韩文。在总统指示下达后不久，政府以国务总理令名义先后于 1968 年 12 月和 1969 年 9 月下达了《关于韩文专用的总理训令》和《国民学校（小学）教育课程改正令》，对“韩文专用”进行具体部署。

与此同时，韩国国语学者崔鉉培开始主张分三阶段改造韩文论：第一阶段，废除汉字，将汉字词改用韩文字母表记（拼写方法如传统的“合写法”），行文由竖改为横；第二阶段，作为过渡期，将韩文单词分解为单独的字母，像英文一样依次按前后顺序排列，也被称为“拆写法”；第三阶段，用一定的西文字母来取代这些被分解为最小单位的韩文字母，从而最终取消韩文字母，即“西文法”。由此，实现将韩文字母改造为西方字母的呼声崛起，其最终目的就是要将韩国在整个文化和价值上都摆脱东亚汉字文化圈，并加入以美国为主导的西方文化圈，即所谓“脱亚入西论”。但这样的主张并没有得到韩国官方和大多数普通人的支持。

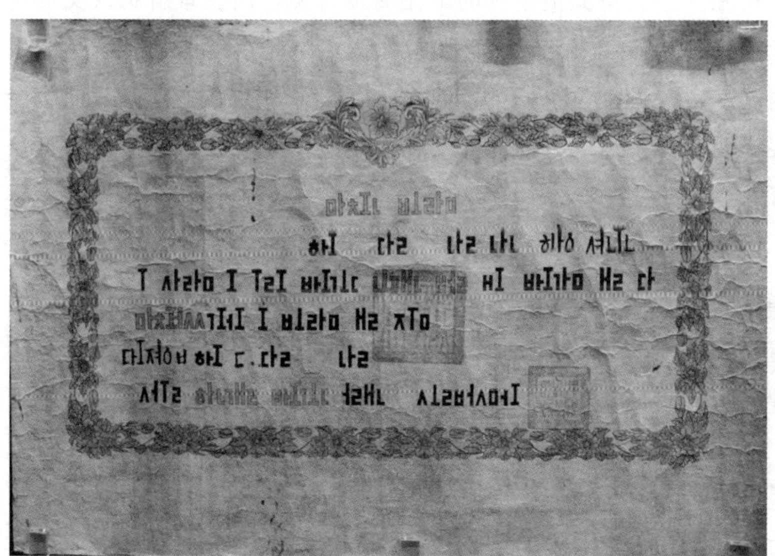

图 3–5　按照“拆写法”排列的韩文奖状（首尔市立博物馆）

自 1970 年起，韩国经历了空前巨大的韩文专用化改革。从 1970 年

1 月起，政府所有的公文一律使用韩文。而在学校，除了文科外，学生到高中毕业也不用学习汉字，但是鼓励他们在大学学习生活用汉文。1970 年 11 月 25 日，“韩国语文教育研究会”等 7 个学术团体共同发表了“敦促恢复汉字教育声明书”，并将其呈报到学术院。“声明书”包括韩文专用的弊端，以及既然汉字词是韩国语的重要组成部分就应实施汉字教育等内容。学术院的答复是“赞成从小学起阶段性地实施汉字教育”。针对此举，“韩文学会”等 37 个团体于 1971 年 9 月 24 日共同发表了《关于韩文专用的建议书》，表达了支持韩文专用的立场。

1972 年 8 月，文教部通过单独设立汉文学科来恢复汉字教育，确定并公布了初中和高中教育用汉字 1800 字（初中 900 字，高中 900 字）。但是这 1800 字只是教材编写用汉字，对社会的文字生活没有任何制约力。1974 年 7 月文教部在其公布的《关于在初中、高中教科书中并用汉字的方针》中指出：“在国语、国史教科书中并用汉字，从 1976 学年度起扩展到整个教科书中”。对汉字教育方案，当局阐明了两个前提，其一是实施汉字教育的根本目的不在阅读古文，而在理解韩汉文混用的报纸、杂志和专业书籍，其二是利用人名、地名等来增强学习效果所需的汉字，并在 1800 字外可再增加 10%的量。“韩国语文教育研究会”发表声明书支持这一方针，而“韩文学会”发表建议书要求中止汉字教育。

1976 年 9 月，文教部推翻自己在同年 6 月发表的“若可能将从 1976 年起在小学实行汉字教育”的声明，不同意在小学进行汉字教育。对此社会各界议论纷纷。朴正熙总统指出：“删除现实生活中常用的汉字，这种极端的主张当然不对，但是欲扩大目前使用的数量也不合适。”“韩文学会”认为，为了发展和弘扬韩国固有的民族文化，同时为了加速民族文化的现代化进程，文字生活只应用韩文进行。而“韩国语文教育研究会”等希望恢复从小学起进行汉字教育并编撰韩汉混用教科书。由此，韩文专用和韩汉混用这两个主张的对立愈演愈烈。

即使是 20 世纪 90 年代以来，该争议依然没有停止过。1995 年 5 月，金泳三总统咨问委员会提出了“为迎接信息化、世界化的到来，在中、小学加强汉字教育”的教育改革案。“韩文学会”会长许雄于1998年2月末，向韩国总统金大中递交了“强化韩文专用，反对在小学变相进行汉字教育的建议书”，并号召在全国范围内广泛开展韩文专用运动。在此之前的2月中旬，主张韩汉混用的“韩国语文会”理事长李应百通过向国会递交请愿书和建议书要求废止《韩文专用法》，并主张从小学起就实行汉字教育。这两种主张水火不相容，没有任何妥协的余地。

1999年2月，韩国政府决定在公务文件和交通标志等领域，恢复使用已经消失多年的汉字和汉字标记，以适应世界化的时代潮流。该方案指出，今后，凡是地名、人名、历史用语等不写汉字就容易发生释意混乱的词汇，均在韩文后面注明汉字。而且，为了给中国和日本的观光者提供方便，将逐步在道路交通标志上实行汉字标记。同年8月，金大中总统发布总统令，要求在必要的情况下并书汉字以确保公务文书的内容准确的传达。此外，还将同教育部门协调改善汉字教育体制的问题。金大中提出：“如果无视汉字，将难以理解我们的古典文化和传统，有必要实行韩、汉两种文字同时并用。”

2000年，韩国教育部调整并公布新的“汉文教育用基础汉字1800字”，将实际教学用汉字扩大到2000字左右。到2020年为止，韩国虽然没有废止汉字，但是实际情况是，除了身份证、新闻、商标、广告等少数领域还会使用个别汉字以外，汉字基本上退出了韩国普通人的日常生活。

（2）“韩文/朝鲜文专用”与“韩汉并用”的论争[①]

“韩文/朝鲜文专用”和“韩汉并用”的论争，起源于朝鲜开化期。这一时期强烈主张朝鲜文专用论的是徐载弼和周时经二人。他们都深受西方思想文化的影响。徐载弼是在美国接受教育并取得了美国国籍。周时经是在朝鲜国内的培材学堂接受了美国传教士的教育，也深受美国文化的影响。徐载弼是彻底的朝鲜文专用论者。1896年4月，徐载弼创刊《独立新闻》，并使用朝鲜文在该报纸上发表了《朝鲜文表记法》和《朝

① 关于“韩文/朝鲜文专用”与“韩汉并用”的各自主张与相互的论争，主要参考이용주（1990）、李得春（2003a）、韩国语文教育研究会（2007b）等学者的观点。

鲜文间隔书写法》二文，认为使用汉字会阻碍国家的独立，这是他倡导使用纯朝鲜文文体的主要原因。周时经也通过自己的著作和各种场合强烈主张专用朝鲜文。周时经在1906年发表的《大韩国语文法》中阐述了自己的核心观点，主要包括以下两点：①汉字是他国文字，而非朝鲜文字。②汉字掌握起来耗时。由于这两种原因，急需应用、普及朝鲜本国的文字。但值得注意的一点是，周时经虽然主张专用朝鲜文，但其自身的文字生活却依然使用朝鲜文汉文混用的文体，其主张与实际文字生活有着区别。

针对朝鲜文专用论，反对最为强烈的是洪起文。他指出，虽然要尊重国语的地位，但极端的排他主义和国粹主义是危险的。汉字虽然是中国的文字，但传入朝鲜半岛之后，在悠久的历史过程中已经与朝鲜的语言文化融为一体，汉字也属于朝鲜文字的一部分。

这一争论一直持续到了现在。他们各自的主张，主要体现在以下几个方面（이용주，1990）：

a. 韩文专用派的主张

韩文专用派主张专用韩文，废止汉字，其依据主要在于文字本身的特点与民族情感两个层面上。

在文字本身的特点上，他们认为韩文是最科学、最简单的文字，使用起来没有任何不便，而汉字具有以下缺陷：①汉字学习、使用起来困难。汉字原则上是一字一词，表示新的内容时要求学习新的汉字。并且汉字的数量已经有很多，以后还会不断增加。汉字笔画多，记忆起来有难度，书写与印刷均困难。如果使全国民众都学习掌握汉字，需要花费大量的时间和精力；如果用字数较少的韩文代替，就可以节省学习时间进行科学与技术的研究。所以除非必须，否则根本没有必要学习汉字。②汉字书写不方便。汉字是记录汉语的文字，是一种表意文字。而韩语适于用一种表音文字来记录，韩文就是为了表记韩语而发明的一种表音文字。使用汉字会造成言文不一致，所以要废止汉字，专用韩文。

在民族情感方面，韩文专用派主张：①世宗创制朝鲜文以表记朝鲜语（韩语），本身就是一种值得民族自豪的事情。但是朝鲜文创制后的多个世纪内依然使用汉字，这是对民族自尊心的冲击。韩文专用派的这种民族情感在光复后更加高涨，迄今仍坚守对国字国语的深厚情感，认为这是民族的夙愿，是国民兴旺的期望所在。②汉字、汉文是在朝鲜半岛固有文化形成之前传入，与其说汉文推进了朝鲜半岛文化，毋宁说汉文使朝鲜半岛文化发生了质的变化和混合现象，使得固有的思考方式和哲学、科学等文化的发展受到了阻碍。因此应该摆脱汉字，坚持韩文专用，确保民族的主体性和固有思想，以振兴民族文化。废止汉字是一种民族文化运动，是去除汉字带来的负面影响的有效方法。

b. 韩汉混用派的主张

韩汉混用派的观点则主要是从文字本身的特点和文化传统这两个视角进行阐述的。

关于汉字的优越性，韩汉混用派的主要观点是：①汉字是一种表意文字，由两个汉字组成的复合词很多，造词能力极强。由于学术与科学技术是不断发展的，这必然带来新的概念源源不断地产生，而汉字的表意性十分适合创造新的概念。所以汉字必定会加速学术与科学技术的传播，推动社会的进步与发展。②用汉字来表记汉字词，容易读懂词义，能够迅速了解到词源。在象形、会意、谐音等方面具有突出的优势。要提高文字生活的效率，就要充分利用汉字的这些优势。在组成新的复合词时，由于组词的两个汉字均存在，所以能够迅速读懂新词的含义。这些都是表音文字不具备的优势。③汉字词有很多同音词，而这些同音词如果都用韩文表记，就会造成混乱，产生歧义。虽然可以通过上下文推测词义，但不是所有的词都可以这样解决的。采用汉字表记就省去了很多不必要的麻烦，通过视觉就能够判断出其义，便于信息的传递和接受。

另外，韩汉混用派从文化传统的角度，提出了以下观点：①汉字虽然是表记汉语的文字，但传入韩国已有两千余年的历史。汉字是和汉文一起传入朝鲜，起初用于撰写纯汉文体文章，但现在已经有了更重要的意义。由于在韩国语发展过程中其词汇体系中含有相当数量的汉字词（这些词都得到了韩国人的文化认同），因此汉字还被赋予了表记这些汉字词的功能。尽管汉字起源于中国，但现在已成为表记韩语的文字，已经成为韩国的文字。虽然学习汉字需要花费较多的时间和精力，但掌握两千字左右的汉字是没有任何压力的。②历史上，汉字是东亚文化圈的共同文字，汉语是东亚地区的国际语言。用汉字表记更便于东亚地区的人们交流信息、沟通感情。排斥汉字会阻碍东亚文化圈内的人们的相互理解，破坏东亚文明和道德的基础，丢掉汉字就是丢掉了传统文化。两派主张各有道理，也互不相让，至今仍然还存有争论，但韩文专用派的主张已逐渐占据优势。

（3）韩文缀字法的规定

现行《韩文缀字法》最早来源于朝鲜语学会1933年发表的《朝鲜语缀字法统一案》，经过20世纪70年代到80年代的不断修订，于1988年由国立国语院的前身国语研究所公布。2017年经过部分修改，至今已成为使用韩文的标准。

《韩文缀字法》共分6章。第1章总则，规定了韩文缀字法所制定的总原则。第2章字母，规定了现代韩文所使用的40个字母。第3章关于语音，主要规定了韩文字母的读音，特别是有关音变的读音。第4章关于形态，主要是对韩文的词法进行了规定。第5章分写法，主要对词语与词之间的分写，及语尾的写法进行了规定。第6章其他，主要对特殊的语法使用情况进行了规定。附录部分，主要介绍标点符号。

根据以上内容，《韩文缀字法》对现代韩文的字母、语音、语法、分写法等方面进行了规定。这些标准是表音文字作为独立的文字系统所必须具备的标准，《韩文缀字法》的制定，使得韩文具备了完全代替汉字的能力（见表3-3）。

表 3–3　한글맞춤법（韩文缀字法）[①]

문체부 고시 제 2017-12 호（2017. 3. 28）

제 1 장　총칙

제 1 항 한글 맞춤법은 표준어를 소리대로 적되, 어법에 맞도록 함을 원칙으로 한다.

제 2 항 문장의 각 단어는 띄어 씀을 원칙으로 한다.

제 3 항 외래어는 '외래어표기법'에 따라 적는다.

제 2 장　자모

제 4 항 한글 자모의 수는 스물녁 자로하고. 그 순서와 이름은 다음과

같이 정한다.

ㄱ（기역）ㄴ（니은）ㄷ（디귿）ㄹ（리을）ㅁ（미음）

ㅂ（비읍）ㅅ（시옷）ㅇ（이응）ㅈ（지읒）ㅊ（치읓）

ㅋ（키읔）ㅌ（티읕）ㅍ（피읖）ㅎ（히읗）

ㅏ（아）ㅑ（야）ㅓ（어）ㅕ（여）ㅗ（오）

ㅛ（요）ㅜ（우）ㅠ（유）ㅡ（으）ㅣ（이）

[붙임 1] 위의 자모로 써 적을 수 없는 소리는 두 개 이상의 자모를 어울러 서 적되, 그 순서와 이름은 다음과 같이 정한다.

ㄲ（쌍기역）ㄸ（쌍디귿）ㅃ（쌍비읍）ㅆ（쌍시옷）

ㅉ（쌍지읒）

ㅐ（애）ㅒ（얘）ㅔ（에）ㅖ（예）ㅘ（와）ㅙ（왜）

ㅚ（외）ㅝ（워）ㅞ（웨）ㅟ（위）ㅢ（의）

---

① 由于《韩文缀字法》内容过多，这里只摘录第一章"总则"和各章的部分内容，其他规则可参见韩国国立国语院相关规定。https://www.korean.go.kr/。

续表

[붙임 2] 사전에 올릴 적의 자모 순서는 다음과 같이 정한다.

자음: ㄱ ㄲ ㄴ ㄷ ㄸ ㄹ ㅁ ㅂ ㅃ ㅅ ㅆ ㅇ ㅈ ㅉ ㅊ ㅋ ㅌ ㅍ ㅎ

모음: ㅏ ㅐ ㅑ ㅒ ㅓ ㅔ ㅕ ㅖ ㅗ ㅘ ㅙ ㅚ ㅛ ㅜ ㅝ ㅞ ㅟ ㅠ ㅡ ㅢ ㅣ

제3장 소리에 관한 것

제1절 된소리

제5항 한 단어 안에서 뚜렷한 까닭 없이 나는 된소리는 다음 음절의 첫소리를 된소리로 적는다.

1. 두 모음 사이에서 나는 된소리

소쩍새	어깨	오빠	으뜸	아끼다
기쁘다	깨끗하다	어떠하다	해쓱하다	가끔
거꾸로	부썩	어찌	이따금	

2. 'ㄴ, ㄹ, ㅁ, ㅇ' 받침 뒤에서 나는 된소리

산뜻하다	잔뜩	살짝	훨씬	담뿍
움찔	몽땅	엉뚱하다		

제4장 형태에 관한 것

제1절 체언과 조사

제14항 체언은 조사와 구별하여 적는다.

떡이	떡을	떡에	떡도	떡만
손이	손을	손에	손도	손만

续表

팔이	팔을	팔에	팔도	팔만
밤이	밤을	밤에	밤도	밤만
집이	집을	집에	집도	집만
옷이	옷을	옷에	옷도	옷만
콩이	콩을	콩에	콩도	콩만

제5장　띄어쓰기

제1절　조사

제41항　조사는 그 앞말에 붙여 쓴다.

꽃이	꽃마저	꽃밖에	꽃에서부터	꽃으로만
꽃이나마	꽃이다	꽃입니다	꽃처럼	어디까지나
거기도	멀리는	웃고만		

제2절　의존 명사, 단위를 나타내는 명사 및 열거하는 말 등

제6장　그 밖의 것

제51항　부사의 끝음절이 분명히 '이'로만 나는 것은 '-이'로 적고, '히'로만 나거나 '이'나 '히'로 나는 것은 '-히'로 적는다.

1. '이'로만 나는 것

가붓이	깨끗이	나붓이	느긋이	둥긋이
따뜻이	반듯이	버젓이	산뜻이	의젓이
가까이	고이	날카로이	대수로이	번거로이
많이	적이	헛되이		
겹겹이	번번이	일일이	집집이	틈틈이

续表

□ 부록

문장 부호

문장 부호는 글에서 문장의 구조를 드러내거나 글쓴이의 의도를 전달하기 위하여 사용하는 부호이다. 문장 부호의 이름과 사용법은 다음과 같이 정한다.

1. 마침표(.)

(1) 서술, 명령, 청유 등을 나타내는 문장의 끝에 쓴다.

예 젊은이는 나라의 기둥입니다.
예 제 손을 꼭 잡으세요.
예 집으로 돌아갑시다.
예 가는 말이 고와야 오는 말이 곱다.

（4）韩国现代文字政策的特点

由于日本殖民政府在统治朝鲜半岛时期，实行推行日文，压制朝鲜文的语言政策。大韩民国建立以后，为了重塑民族自信心，开始在各个领域全面清除日本殖民统治的痕迹。为了尽快普及教育，韩国政府提出了废除汉字，韩文专用的政策，并且制定了《韩文缀字法》。

韩文专用政策的实行，主要是从 1948 年建国初期，通过《韩文专用相关法（第 6 号法案）》，经过朴正熙政府，颁布行政命令，强制在政府机关、学校教育、公共媒体等领域推行韩文，后期辅助以法律手段(2011 年实行的《国语基本法》）作为保障，确定了韩文的地位和使用范围。

同时设定了“韩文节”，支持韩文的推广。

在实行废止汉字政策的过程中，虽然也产生了韩文专用与韩汉并用的论争。《韩文缀字法》的制定和完善，使韩文完全具备了代替汉字的功能，同时韩文学习的简便性，及其对韩语口语的对应度，使韩国民众很容易接受韩文。最终韩文专用的观点占了优势，20世纪70年代之后，汉字逐渐退出了韩国的基础教育领域和大众媒体。到目前为止，除了极少数领域外，汉字在韩国的日常生活中已经完全被韩文替代。而汉字教育被单列一门不同于现代中文的外语专业，命名为汉文科，其内容主要是学习繁体汉字，并研究韩国古代的汉文文献。这样就暂时缓解了韩国国内对于汉字教育的争议，使该问题的争论得以沉寂。

第三节 中韩文字政策比较

中韩文字政策的比较分为传统文字政策的比较和现代文字政策的比较。对传统文字政策，主要分析两国文字政策的异同。对于现代文字政策，则要根据语言政策比较的原则，确定具体的比较标准进行比较。

3.3.1 对中韩传统文字政策的比较

对中韩传统文字政策的比较，主要是要找到中韩两国传统文字政策的共同点和不同点。

（1）两国都曾共同使用汉字

中国经历了汉字从甲骨文到楷书的字形改变，字体逐渐简化；朝鲜半岛虽然在朝鲜朝世宗大王时代创制了《训民正音》，但是在开化期以前都没有在两班贵族中得到推行，官方的正式文书还是用汉字书写。

中国的汉字以商代甲骨文为发端，到西周发展为金文，春秋战国时期发展为大篆，秦代发展为小篆，汉代发展为隶书。汉代时汉字由中国传到朝鲜半岛，由此两国开始共同使用汉字为书面文字。到唐代，中国的汉字由隶书发展为楷书，统一新罗王朝也大量派人到中国学习，汉字的地位在朝鲜半岛得以巩固。在唐代以后，中国汉字的字体基本固定。而朝鲜半岛则在朝鲜王朝初期，创制了《训民正音》用以记录朝鲜语，但是由于两班贵族的坚持，《训民正音》并没有得到知识分子阶层的认可，国家的正式公文，在很长一段时间内，还是以汉字书写为主。

中韩两国在汉字规范和推广的方式上，基本上一致。主要都是通过学校教育、编写儿童识字读本、官修字典等途径，实现汉字字体和用字的规范。在两国科举制度分别创立以后，对儒家四书五经教材用字和字体的统一，也促进了各自国家汉字使用的进一步规范。除此之外，中国还有将儒家经典刻于石碑之上，作为标准字体的传统，这个是朝鲜半岛所没有的。

（2）两国文字改革路径不同

进入近代以后，受到西方资本主义国家的影响，中韩两国都兴起了文字改革。在中国表现为对汉字的存废和汉字简化的讨论；在朝鲜半岛表现为朝鲜文（韩文）的规范，以及韩文专用与韩汉混用的争议。

1840 年鸦片战争以后，中国的国力逐渐衰弱，知识分子阶层开始寻找振兴国家的道路。汉字的存废和改革就成为突破口之一，一部分知识分子认为应该废除汉字，改为使用拼音文字，这样可以实现快速的扫盲，国民素质可以快速提高。但是这种主张受到了大多数人的反对。同时，一部分学者主张保留汉字，但是必须要简化汉字，使汉字适应时代的发展。这种主张逐渐得到多数知识分子的支持，成为汉字改革的主要方向。但是汉字简化的改革并非一帆风顺，直到 1949 年以前，一直没有在中国成功。

1897 年朝鲜王朝进入开化期，朝鲜半岛也实行了文字改革，确立了“训民正音”作为“国字”的地位，规定正式的公文都要用“国字”来书写。但是在实际应用中，由于使用汉字的惯性，这个时期的公文还是采用的朝鲜文与汉字混合书写的方式。不久之后，日本强占朝鲜半岛，成立朝鲜总督府，压制朝鲜文的发展，但是朝鲜语学会在这个时期还是完成了《朝鲜语缀字法统一案》（1933 年），为朝鲜文成为正式的文字确立了规范。这也为朝鲜半岛光复以后韩文取代汉字，奠定了基础。1947

年，南朝鲜过渡政府提出，废除汉字，专用韩文。韩文专用第一次开始在朝鲜半岛南部实行。

3.3.2　对中韩现代文字政策的比较

对中韩现代文字政策的比较，就是对中华人民共和国与大韩民国文字政策进行比较。根据本文对语言政策比较原则的设定，文字政策主要应从适合性、标准化、必要性、保障性、广泛性五个方面进行比较。

（1）适合性比较

适合性标准是指制定文字政策，能反映本民族语言的特点，能够准确记录口语，做到言文一致。

中国的文字政策，主要内容是汉字的简化和规范，未采取汉字拼音化改革的方向，总体上不改变汉字的方块形体，只是对偏旁部首的简化，保留了汉字与汉语的对应关系。汉语是主要以语序和虚词表达意义的孤立语，其特点是以音节为基本单位（又称“字本位”），不同的音节组合，可以组成不同的词语，表达不同的语义。而汉字正好与汉语的音节相对应，一般是一个汉字对应一个音节，每个汉字都有完整的声母、韵母、声调系统。只有儿化韵音节例外，由一个音节对应两个汉字，但是儿化韵音节在整个汉语体系中的比重并不大，且属于语流音变的范畴，只有在词语中才会出现，因此儿化韵的存在并不影响单字与汉语音节的对应关系。另外，汉字的方块字结构和表意特征，与孤立语缺乏形态变化的特点相适应，因此中国的文字与口语做到了一致，符合适合性标准。

韩国的文字政策，主要涉及韩文的拼写问题。韩文是一种表音文字，目前韩国政府制定有《韩文缀字法》，对韩文的字母构成、拼写法都有详细的规定。由于韩语是需要大量助词来表达意义的黏着语，且动词和形容词的使用有着较为丰富的形态变化，所以使用表音文字来记录韩语是一种适合的选择。与此同时，韩文对韩语的记录，却存在着言文不一致的现象。主要表现为两种情况，一种是词语的连读，如남한（南韩），한中的ㅎ（h）不发音，남字的终声ㅁ（m）要连读成为后一个字한的初声，因此实际读音不是 namhan 而是 naman。另一种是词语的音变，

如박물관（博物馆），박中的ㄱ受后一个字물的中的ㅁ（m）影响，改读为了鼻音ㅇ，使得这个单词读为 bangmulguan 而不是按照文字标记的 bakmulguan。这两种言文不一致的情况，在韩文中较普遍，影响了韩文的适合性。

（2）标准化比较

标准化是指国家或社会团体对文字的使用数量、书写形体、文字读音、书写顺序等方面制定有统一的标准，确保社会成员之间能够进行顺畅地书面交流。

中国在实施汉字简化和规范汉字的过程中，于 2013 年制定了《通用规范汉字表》及一系列汉字印刷字体的规范，对汉字的字形和数量进行了确定。2001 年制定了《GB13000.1 字符集汉字折笔规范》对规范汉字的排序进行了确定。另外，通过汉字审音，确定了汉字的读音。同时还颁布了《通用规范汉字笔顺规范》（2020 年），对“规范汉字”的笔画顺序进行了规范。汉字政策中的定量、定形、定音、定序，形成了完整的标准，实现了汉字的标准化。

韩国现行的《韩文缀字法》是对韩语拼写的总规定。第一章总则，明确韩文就是拼写的韩语标准语。第二章字母，对韩文所使用的 40 个字母及其读音进行了介绍。第三章发音，对单词拼写中的字母发音及各种特殊情况的发音做了规定。第四章和第五章，则是从词汇和语法的角度，对韩文的构词法、分词法进行了具体的规定。《韩文缀字法》将韩文作为表音文字，所需要确定的字音和字形标准做了详细的规定，实现了韩文的标准化。

（3）必要性比较

必要性是指制定文字书写规则，要符合语言规律，对发挥文字记录口语和书面交流的功能具有必不可少的作用。

中国的《通用规范汉字表》制定遵循的原则包括：a. 将之前的字表全部合并形成一张表，解决了不同表之间规范的矛盾。b. 恢复了部分异体字，解决了一些姓氏、人名、地名等因为汉字简化后用字的困扰。c. 根据用途不同设计三级字表，有利于满足不同领域的用字需求。d. 设立简繁正异对照表，有助于减少各领域汉字使用上的混乱（王翠叶，2020）。这些规定都是从社会需求出发，对促进文字的书面交流功能有利，具有必要性。

韩国《韩文缀字法》的制定对于韩文的规范化是非常有必要的。但是《韩文缀字法》第 3 章第 5 节“头音法则”规定：汉字音中初声不能出现ㄹ，凡是汉语中原来初声为ㄹ（声母为 l 或 r）的词语，一部分改为零声母，如리（李）必须全部写为이。一部分改为ㄴ（n），如로동（劳动）全部写为노동。这也是韩国与朝鲜及中国朝鲜族语音最大的差异。头音法则是阿尔泰语系的共同特征，部分韩国学者根据语法的相似性，认为韩语属于阿尔泰语系，为让韩语中的汉字词符合阿尔泰语系特征，所以在《韩语缀字法》中规定了头音法则。但是，韩语的语系归属目前在全世界还没有形成共识，世界通行的判断语系归属的标准是存在同源词，而不是语法类型相似。根据目前的研究，韩语同阿尔泰语系的蒙古语、满洲语等语言很难找到同源词，所以无法判定韩语属于阿尔泰语系。按照阿尔泰语系特征设定头音法则，没有可靠的语言学依据。同时，头音法则只针对汉字词，对于外来词却不做要求。比如，作为英语外来词的라디오（radio）就没有遵守头音法则。同样是韩文的组成部分，只要求汉字词遵守头音法则，对其他外来词却不做要求，使得头音法则的规定缺乏必要性。头音法则的存在，使韩国人的姓氏容易产生混淆，如“俞”和“柳”，现在都写作“유”，没有区别。而按照汉字音本来读音，“俞”应该写作“유”，而“柳”应该写作“류”。现在这两个姓氏的混淆，在重视血缘关系的韩国社会，造成了一定混乱。同时，“头音法则”的存在也对半岛南北之间的文字交流造成了障碍，如朝鲜的地名罗先市（라선시），在韩国被叫作나선시，在没有汉字的情况下，无法知道是否是同一个地方。因此是否要保留“头音法则”，或者对其规定进行部分调整，值得再探讨。

（4）保障性比较

中国和韩国的文字政策在实施上，都有法律保障，在学校中也能有效推行。

中国的规范汉字，有《国家通用语言文字法》作为推广的依据。《国家通用语言文字法》于2000年颁布，第一章第三条规定："国家推行规范汉字"。同时中国政府机构中设置有"国家语言文字工作委员会"，专门负责汉字的规范和推广工作。这个机构1998年与国家教育部合并，主要在教育机构、大众媒体、政府机关中推广规范汉字。同时，中国的商务印书馆，也负责定期编制更新《新华字典》，使得规范汉字的推广有了学术依据。

韩国的韩文，有《国语基本法》作为推广的依据。《国语基本法》于2005年颁布，第一章，第3条，第2项规定："韩文是用来表记国语的固有文字"；第三章，第14条规定："①公共机关文书要根据语文规定，使用韩文书写。但是，在总统令规定的情况下，可以在括号内使用汉字或其他外国文字。②公共机关制定的公文要使用韩文，其他必要的文字使用事项由总统令决定。"韩国政府体育文化观光部主要负责韩文的推广、普及工作。韩国也主要是通过国民教育途径推广普及韩文，小学主要负责韩文的教育，中学在熟练使用韩文的基础上，则加入了部分汉字教育（1800字）。国立国语院还编写了《韩语缀字法》，对韩语的拼写规则进行了规定，同时韩国政府还专门设立了"韩文节"，提醒国人对韩文的重视，确保了韩文的有效推广。

（5）广泛性比较

中国和韩国的文字，在社会生活中，已经应用广泛，普及性高。

中国规范汉字经过70多年的推广，已经高度普及。截至2019年，中国规范字普及率达到了 95%，[①]目前在中国人的日常生活中普遍使用规范汉字，且教育机关、大众媒体、政府机构等都是使用规范汉字。繁体字目前仅在书法艺术及古籍研究领域使用。

韩国经过70年韩文专用与韩汉混用的长期争论，目前已经形成了韩文普遍在日常生活、教育机关、政府公文中使用的状况。虽然政府没

---

①根据中国教育部网站数据：http://www.moe.gov.cn/jyb_xwfb/s5147/201909/t20190919_399688.html。

有废止汉字，但是除了大众媒体、商铺招牌等有极个别汉字出现以外，主要公共生活领域还是以使用韩文为主，汉字主要出现在学术研究领域，对普通人的生活基本没有影响。

（6）比较的结果

中韩文字政策比较的结果，具体如表 3–4 所示（“+”具备，“–”不具备，“+/–”不完全具备）：

表 3–4 中韩现代文字政策比较

国别	适合性	标准性	必要性	保障性	广泛性
中国文字政策	+	+	+	+	+
韩国文字政策	+/–	+	+/–	+	+

3.3.3 小结

（1）两国传统文字政策比较的小结

中韩两国拥有共同使用汉字的历史，且汉字的普及途径基本相同。进入近代以后，两国的文字政策发展走上了不同的发展道路。中国主要是汉字的简化，韩国主要是用韩文代替汉字。虽然两国都曾受到外族压迫，使本国文字短暂失去国文地位，但是中国的汉字和韩国的韩文并没有被外族统治者所废除，最终都得到了保留和发展。

（2）两国现代文字政策比较的小结

中国的汉字符合汉语孤立语的特点。通过对汉字的简化和整理，对汉字定量、定形、定音、定序，实现了汉字的标准化。《通用规范汉字表》的制定，满足了社会用字需要。相关文字政策的推行有法律保障和专门的机构，规范汉字的普及率较高。

韩国的韩文符合韩语黏着语的特点，但是仍然存在“言文不一”的现象。通过《韩文缀字法》的规定，实现了韩文的标准化。《韩文缀字法》的制定，对于韩文完善作为文字的功能很有必要性。但是其中关于“头音法则”的规定，不仅造成韩国人在姓氏等部分领域的文字使用产生混乱，而且造成了韩国文字与朝鲜及中国朝鲜族文字沟通的障碍。相关文字政策的推行有法律保障和专门的机构，现代韩文的普及率较高。

（3）对绪论部分有关文字政策问题的回答

问题一：“一部分韩国人（包括部分中国人）对中华人民共和国汉字简化的改革不能理解，认为这样破坏了汉字本身的表意特征。”这个问题涉及中国的文字政策。中国的汉字为了适应书面沟通的需要，从甲骨文到简化字，一直保持简化的趋势。由于现代汉字改革并没有采取拼音化的方向，保留了汉字方块字的字形，且在简化过程中，大多数简化字保留了与繁体字字形的承继关系，如“飛”→“飞”，保留了繁体字最核心的部分，表意特点仍然突出。而且简体字还是以形声字为主，保留了汉字的表意属性。

问题二：“韩国为什么要废除已使用了两千多年的汉字？”这个问题涉及韩国的文字政策。朝鲜半岛古代书面语借用汉字，可是口语却说的朝鲜语。虽然发明了“吏读”等汉字表记方法，但是仍然较难完整记录朝鲜语，文字和语言不相适合。而作为表音文字的朝鲜文，符合朝鲜语黏着语的特点，能够准确标记助词以及动词、形容词的形态变化。所以 1948 年大韩民国建国以后废除汉字改用韩文是韩国为了更好地记录韩语而采取的文字政策，而且韩文在构词形态上，保持了汉字方块字的形态，这也是对汉字使用传统的一种继承。

第四章　中韩标准语政策比较

中韩两国的标准语政策，主要包括标准语基础方言的确定，以及标准语语音、词汇、语法的规范政策。历史上，两国的标准语基本上都是以首都的方言作为标准。中华人民共和国成立以后，中国的标准语确定为以北京话为基础的普通话，并且在语音、词汇、语法方面进行了一系列的规范，并顺利的进行了推广。大韩民国建立以后，韩国的标准语的基础方言确定为首尔话，并且也在语音和语法上进行了详细的规定，另外韩语标准语还在词汇的选择上实行了“国语醇化”政策，进一步对韩语的词汇进行了规范。

第一节　中国的标准语政策

中国的标准语政策，主要包括两个方面的内容，一个是1949年中华人民共和国成立以前的传统汉民族共同语政策；另一个是中华人民共和国的标准语政策。中华人民共和国的标准语政策，重点讨论标准语的语音、词汇、语法标准的确定和规范情况。

4.1.1 中华人民共和国成立以前的传统汉民族共同语政策（1949年前）

汉语历史悠久，古代有方言，也有高于方言的汉民族共同语，古代汉民族共同语历经演变，逐渐发展成为现代汉民族的共同语——普通话。

（1）中国古代共同语的演变[①]

a. 先秦时期——雅言

西周以前中国的标准语政策无信史可依，据现有文献记载，汉民族共同语的历史可以追溯到春秋时期，那时叫“雅言”。《礼记·中庸》上说：“非天子不议礼，不制度，不考文。”“考文”，就是规范语言文字。《论语·述而》中记载：“子所雅言，《诗》《书》执礼，皆雅言也。”“雅”是正的意思，“雅言”即规范、标准的语言。“雅言”是华夏族各方国间通用的共同语。中国历代以天子所居王都之音为正，因此当时雅言很可能是以成周（洛阳）为中心的语言。

周代实行分封制，诸侯国的国王定期到首都向周天子汇报治理情况，同时周天子也会派自己的使臣前往各地，了解各诸侯国的情况。诸侯王跟周天子及其使臣交流，只可能使用雅言。同时，周天子还定期召集各国的译官、乐师、史官到王宫集中学习雅言，然后派他们回诸侯国教年轻人。[②] 因此雅言普及的途径，首先是通过诸侯王学习雅言起示范作用，同时由专人在诸侯国官吏中教授，从而在全国贵族中普及。

b. 汉代——通语

汉代共同语叫“通语”。西汉末年扬雄在《轩辕使者绝代语释别国方言》（简称《方言》）中明确提出“通语”的概念。“通语”是相对“方言”而言的，即不是一方一地之言，指在广大地区里通常共同说的词语。例如：“娥，好也。……好，其通语也。”（《方言卷一》）。说明当时的确有超方言的共同语存在，其基础可能是当时的关中方言“秦语”。

---

① 关于中国古代共同语演变的概况，主要参考王晖（2013）、竺家宁（2012）、唐作藩（2018）的观点。

② 关于周代选拔官吏到王宫学习雅言的观点，主要参考李建国（2000）的论述。

汉代继承秦制，实行中央集权，皇帝负责任命诸侯王和地方官员。诸侯王和地方官员要与皇帝交流，必须学会通语。同时汉代经学盛行，为了便于学术交流，知识分子学习经典时，应该也是将通语作为读书音进行学习。这样在统治阶层和知识分子阶层中，通语就得到了普及。

c. 魏晋到宋代——正音

魏晋以后到唐宋，未发现汉民族共同语的新的名称，但汉族共同语不仅一直存在，而且有所发展，这在魏晋以来大量出现的韵书和韵图中有直接的反映。魏晋时共同语应当以河洛方言为基础；唐代共同语据推测应以长安或洛阳方言为基础；宋代以汴洛方言为共同语的基础。虽然魏晋到宋代跨越时间较长，各个时期的共同语基础方言不一样，但是语音系统并没有发生大的变化，都是周代一脉相传下来的“洛阳音”，这种共同语主要用于读书时使用，所以又叫读书音。[①]

南北朝时期反切法的发明，使汉字的字音能够得到比较准确的标注，所以韵书的编纂成为可能。而韵书的编纂为共同语语音的规范提供了保障，宋代开始官修韵书，加强对共同语的规范。其中影响力最大的是隋朝陆法言的《切韵》，以及北宋官修的《广韵》。韵书编纂最初的目的是方便诗人依韵创作，但也可以按照字的读音查询其意义，韵书实际上也是中国古代按韵母顺序编排的字典。这些韵书和宋代出现的韵图，在当时起到了“正音”（规范语音）的作用。

d. 元代——天下通语

元代的汉民族共同语称为“天下通语”。元代周德清在《中原音韵》中说：“天下通语，则天下尽通，后世易晓。若为市语方言，则虽便捷一时，称快一地，要无以明天下后世”。周德清的《中原音韵》是根据元杂剧的用韵编写的，书中归纳的语音系统已经相当接近今天的北京话。

由于元代以蒙古语为国语，所以没有专门对汉语进行规范，而是官修了《蒙古字韵》作为汉人学习蒙古语的教材。《中原音韵》是主要用于创作戏曲作品用的韵书，其中的“天下通语”是当时的北京话。由此

① 关于魏晋到宋代共同语的语音情况，主要参考唐作藩（2018）的论述。

可见从元代开始，北京音已经开始代替洛阳音成为共同语的基础方言。[①]当时的汉语共同语并没有官方政策加以规范。

e. 明清时期——官话

明清时代，汉民族共同语称为“官话”。“官话”的名称出现在明代中叶。“官话”因经常使用于官场和上层人士而得名，但也广泛通行于南北。正所谓“官”者，公也，“官话者”，公用之话也。元明清三代，除明初很短一段时期外，北京一直是中国的政治、经济、文化中心，北京话的影响逐渐增大，地位日益重要，作为公用的口语日渐通行。

明代建立以后，为恢复汉语的正统地位，明太祖朱元璋下令编撰《洪武正韵》作为官韵，对共同语进行规范。但是由于《洪武正韵》规定的音系是一种探求古音的人造音系，与当时实际流行的以北京音为基础的共同语不一致，所以推行效果并不好。清朝实行“满汉双语”的语言政策，清代中期以后，北京音已经完全代替了“洛阳音”。为达到政令的畅通，雍正皇帝下令推行官话，设立了正音馆，专门教授官话，规定不会官话的考生，一律不准参加科举考试。[②]

f. 民国时期——国语

清末吴汝纶最早提到这个名称，王照进一步明确“国语”的概念，与“官话”意义相同，指以北方话为基础的汉民族共同语。此后，尤其是到民国初年，随着“国语运动”兴起，“国语”逐渐替代“官话”，成为汉民族共同语通用的称法，“官话”逐渐成为汉语北方方言的统称。“五四”运动之后，“国语运动”取得了很大成绩。国语运动旨在统一并推广民族共同语，经过“老国音”（整合各地方言得出的综合音系）到“新国音”（以北京话为基础的北京音系）的艰苦探索和对“京国问题”（以“北京语音”——京音，还是“综合音系”——国音，作为共同语的标准）的大讨论，前辈们终于找到了“中国语言的‘心’”（刘复语），确定北京话为国语的基础方言。北京话这一权威地域方言的确立，是国语运动的一大历史贡献，促进了汉族

① 关于北京音代替洛阳音的时间，主要参考唐作藩（2018）的观点。

② 关于清代对官话的推广，主要参考了竺家宁（2012）、高斗星（2020）的观点。

共同语的加速成形，对汉族共同语的发展起了重要的作用。

民国时代出现了《注音符号》《国语罗马字拼音法式》等官方颁布的汉字注音方式，使得国语的推行具有了较好的辅助工具。但是由于国民政府在大陆的统治时间较短，且大部分时间处于战乱动荡之中，政府的推行力量较弱，民众对国语的学习热情不高，当时的国语在中国大陆并未得到普及。

（2）中国传统共同语政策的特点

中国古代没有官方确定的标准语，只有自然形成的民族共同语。主要是以王朝首都的方言作为基础，在贵族阶层和知识分子中流行。这种共同语是知识分子学习汉字的“读书音”，也是现代汉语方言“文白异读”中，“文读”音的源头。

这种共同语的语音主要源自中原的“河洛地区”，被称为“河洛方言”。并且随着中原王朝的变化、首都的迁徙，一直流传到清代中期以前，到了清代中期以后，由于满人入关带入东北话而形成的北京话，成了汉民族共同语的语音基础。

从周代到民国，政府为了保持政令畅通，在官僚阶层中使用汉语共同语。这种共同语主要以官修韵书为语音的规范手段，对于词汇和语法，则没有官方的规范手段。到了清朝，官话的推广手段更加成熟，与科举制度相联系，促进了官话的推广，民国时期还出现了《注音符号》等给汉字注音的工具，进一步促进了国语的推广。但是总体来看，中国传统的语言政策，由于共同语的语音标准并没有严格规定，当时人说的共同语也并不统一，仅限于能够相互沟通。在历史上主要是在知识分子中推广，且主要在读书时使用，日常生活还是以方言为主。

4.1.2　中华人民共和国的标准语政策（1949—2020 年）[①]

中华人民共和国的标准语政策，主要是确定标准语的定义，以及中

① 对于中华人民共和国标准语政策概况及规范的研究，主要参考了苏培成（2010）、王理嘉（2003）、李宇明（2019）、陈章太，谢俊英（2009）等学者的观点。

国标准语——普通话的规范和推广。

（1）标准语政策概况

中华人民共和国的标准语是“普通话”。普通话的概念最早在清末由朱文熊提出，他用“普通话”指“各省通用之话”，也就是当时人们所称的“蓝青官话”，与民族共同语的内涵有所不同。1931 年瞿秋白曾反对用“国语”一词，并且对普通话的特点做了比较科学的解释。1934 年以后，随着“大众语运动”①的兴起，社会对普通话的认识趋于一致。随着拉丁化新文字运动的发展，普通话获得了广泛的推行，为中华人民共和国成立后普通话成为有严格定义的学术专名，并被确立为汉民族共同语奠定了基础。1954 年王力发表《论汉族标准语》、周祖谟发表《根据斯大林的学说论汉语标准语和方言问题》、周有光发表《拼音文字与标准语》、拓牧发表《汉语拼音文字的标准语问题》这四篇文章，对于汉民族共同语和标准语的定义与原则，提出了比较能为多数人接受的意见，其内容主要包括以下三个方面：

a. 地方方言（或区域方言）发展为民族共同语，必然有一个地点方言作为它的典型代表，民族共同语才能具体化。b. 标准语和共同语的含义并不完全相同。担任着超越方言的公共语言工具的任务，并代表汉语共通性的发展趋向的语言叫作共同语（或叫共通语）。标准语是在民族共同语基础上，经过加工的、规范化的民族共同语。c. 汉族标准语应该拿北京话做基础。民族共同语和标准语的讨论，为明确普通话的定义，起到了积极作用。

1955 年召开了全国文字改革会议和现代汉语规范问题学术会议，会议确定了汉语标准语（普通话）的定义，分别从语音、词汇、语法三方面对普通话进行了规定：以北京语音为标准音，以北方话为基础方言，以典范的现代白话文著作为语法规范。

1956 年 2 月 6 日，国务院发出《关于推广普通话的指示》，要求从

---

① 1934 年在上海掀起的一个要求白话文写得更加接近大众口语的文体改革运动。

1956年起，在全国中小学、解放军、共青团、工会、广播电台、交通、邮电、警察、医生、翻译等行业和领域中，展开普通话的推广工作。成立专门的“中央推广普通话工作委员会”，由国务院副总理陈毅担任主任。1957年确定普通话的推广方针是“大力提倡，重点推行，逐步普及”。“大力提倡”就是要大力宣传国家推广普通话的方针、政策、宣传推广普通话的重要意义，让国民知道这项工作的必要性和紧迫性。“重点推行”主要是从地区来说，确定了南方方言区（广东、广西、湖南、福建、江西、浙江、江苏、安徽、上海等地）是重点；从城乡来说，城市是重点；从部门来说，学校是重点；从对象来说，青少年是重点。“逐步普及”一方面强调推广普通话是一项长期的任务；另一方面是指根据不同条件、不同对象、不同年龄提出不同要求。

自此以后，普通话的推广工作开始大力开展，取得了一系列的成果。1982年12月4日，第五届全国人民代表大会通过了新的《中华人民共和国宪法》，“国家推广全国通用的普通话”写进了新宪法。为确定普通话的字音，1985年普通话审音委员会发布了《普通话异读词审音表》。为加强普通话的标准性及在社会上的普及度，1994年开始，在全国推行了普通话水平测试，并于2004年出版《普通话水平测试实施纲要》。为营造全社会推广普通话的氛围，1997年国务院确定每年9月的第3周为“全国普通话宣传周”。为进一步确定普通话的法律地位，2000年10月《中华人民共和国国家通用语言文字法》颁布，普通话作为国家通用语言的地位、功能得到了明确，为普通话的推广和使用提供了更为坚实的法律基础。

2018年，随着中国脱贫攻坚工作的展开，普通话的推广又与国民的脱贫工作紧密结合，教育部等三部门制定了《推普脱贫攻坚行动计划（2018—2020年）》提出“扶贫先扶智，扶智先通语”的口号，强调“到2020年，贫困家庭新增劳动力人口应全部具有国家通用语言文字沟通交流和应用能力，现有贫困地区青壮年劳动力具备基本的普通话交流能力，当地普通话普及率明显提升，初步具备普通话交流的语言环境，为提升“造血”能力打好语言基础。”截至2020年，中国的普通话普及率达到了 80.72%。[①]

（2）普通话的规范政策

早在《关于推广普通话的指示》中就明确指出："汉语统一的基础已经存在了，这就是以北京语音为标准音、以北方话为基础方言、以典范的现代白话文著作为语法规范的普通话。""以北京语音为标准音"说的是普通话的语音标准，是以北京语音的语音系统为标准。"以北方话为基础方言"确定了北方话在普通话里的地位，普通话的词汇和语法要以基础方言的词汇和语法为基础。"以典范的现代白话文著作为语法规范"是对普通话语法规范标准的进一步补充。但是，光是这样的定义，还是比较宽泛，为了帮助大家学好普通话，中国还进行了很多的普通话规范工作。

a. 关于语音的规范：异读词审音

普通话常用词汇读音里面急需解决的问题是异读词的读音。异读词是指一个词有两个或两个以上的读音，而所表示的意义和用法相同。普通话以北京语音为标准音，北京语音里存在着异读词，所以普通话里也存在着异读词。例如，在北京语音里，"复杂"有人读 fùzá，有人读 fǔzá；"质量"有人读 zhìliàng，有人读 zhǐliàng。这样的词就是异读词。词语的读音要实现规范化，字形字义完全相同的词只能有一种读法，不能有几种读法。消除词语异读的办法是进行异读词的审音。所谓审音就是根据一定的标准，对异读词的几个读音做出取舍，从中确定一个读音为标准音加以推广，其余的读音作为异读淘汰不用。

1956 年 1 月，中国科学院语言研究所组成了普通话审音委员会，确定了审音的原则：①审音以词为对象，不以字为对象。②审音的标准，根据北京音系，可也并不是每一个字都照北京话的读法审定，主要依据以下几项原则：a. 一个字的读音在北京话里非常通行而不合北京语音的一般发展规律的，这个音还是可以采用，但是同时也要考虑到这个音在

① 根据中华人民共和国教育部网站公布数据：http://www.moe.gov.cn/jyb_xwfb/s5147/202009/t20200915_488008.html。

北方方言里应用得是否广泛。如在北京话里“危”念 wēi，这个音不合一般发展规律，但是采用了，因为在北京话里非常流行，北方方言也大致通行。b.“开、齐、合、撮”的读法，原则上以符合语音发展为准。如“淋”采用 lín 的音，不采用 lún 或 lǘn 的音。c. 古代清音入声字在北京的声调，凡是没有异读的，就采用北京已经通行的读法。凡是有异读的，假若其中有一个是阴平调，原则上采用阴平，例如：“息”xī。否则逐字考虑，采用比较通行的读法。③每个词原则上暂定一个音，但是也有少数词保留了两个音，例如：“血”xiě、xuè。（苏培成，2010：276-277）

普通话审音委员会根据上述审音原则，对现代汉语里的异读词分批进行了审订。1957—1963 年，先后四次修改发布《普通话异读词审音表初稿》，终于在 1985 年 12 月定稿发布《普通话异读词审音表》。现代汉语中汉字的读音目前仍在按此表执行，不过随着网络时代语言的快速发展，带来语音的快速演变，普通话异读词的审音工作，现在仍然还在进行中。

b. 关于词汇的规范：编写《现代汉语词典》

普通话的词汇标准是“以北方话为基础方言”。但是在中国，北方话的范围非常广，有 73%以上的人都说北方话。北方话内部又分为东北方言、华北方言、西北方言、江淮官话、西南官话等次方言区，各次方言区的词汇差异还是很大，以哪些词作为普通话词汇，这就需要有一个统一的可以参照的词汇规范标准，而词典就是这样的标准。于是 1956 年 2 月 6 日，国务院责成中国科学院语言研究所编辑以确定词汇规范为目的的中型现代汉语词典。由吕叔湘任《现代汉语词典》主编，从 1957 年开始编纂工作，到 1965 年形成《现代汉语词典（试用本）》。1978 年 12 月正式出版第 1 版，后来陆续修订，到 2016 年商务印书馆出版第 7 版。

《现代汉语词典》的主要学术成就表现在：①它是第一部以推广普通话、促进汉语规范化为宗旨的现代汉语中型词典。因此对于字形、词性、注音、释义、用法和举例，都要求准确和科学，做到规范化。②它是综合性语文词典，以中等文化水平以上的读者为对象，所收字 10000 多个，词语 56000 多条。除了普通话词语外，还收有常见的方言词语、习见的专门术语，用于人名、地名、姓氏方面的字和少数现代不很常用的字，还有书面上常见的古汉语词和一些旧词语。③它在释义方面尽可能做到准确、科学、精练，特别注意用定义式释义法来解释词义，以揭示词义的本质，同时注意具体的用法。④它的字头是按汉语拼音的音序排列的，这是比较科学、合理的排检法。同时还附有部首检字表或四角号码检字表，方便读者查阅。

c. 关于语法的规范：拟订《暂拟汉语教学语法系统》

中国存在有大量的方言，各方言区之间的语法差异较大。普通话的语法标准是“以北方话为基础方言，以典范的现代白话文著作为语法规范”，这说明了：①北方话的语法规范是普通话的语法基础。②典范的现代白话文著作是普通话可以参照的语法规范。但是怎样的作品是典范的现代白话文著作？一般理解，近现代的著名文学家的作品、法律条文等，可以作为典范的现代白话文著作代表。但是即使像鲁迅这样的著名作家，其早期的作品由于处于文言文写作转换到白话文写作的过程中，所以语法使用也并不规范，而且鲁迅本人是浙江人，在作品的写作中，也会夹杂一些吴方言的语法特征。这样的情况在很多作家的作品中都存在。那么到底如何确定普通话的语法标准，成为急需解决的问题。

1951 年年初，《人民日报》连载吕叔湘和朱德熙合写的《语法修辞讲话》，在历史上是第一次，也是唯一的一次，在中国共产党中央机关报上连载语言学讲座。这本著作就是为了纠正社会上使用语言文字方面存在的混乱现象，不少国民因它学习到了语法修辞知识，语法知识得到了空前的普及。自此以后，书籍报刊的作者和编辑普遍重视用词造句规范，优秀的白话文著作越来越多。

1954 年，中国中学语文教学进行改革，决定实行《文学》和《汉语》分科教学。其中《汉语》课本里语法占有很大比重。为了编写《汉语》课本，就要制定一个语法体系。经过两年多的努力，形成了《暂拟汉语教学语法系统》，并且根据这个系统，编写了初中《汉语》课本第三、四、五册。为了给使用《汉语》课本从事语法教学的教师提供参考资料，《汉语》课本的主编张志公，又编写了《语法和语法教学》，系统介绍“暂拟汉语教学语法系统”。这个系统一直沿用到了20世纪80年代初。

《暂拟汉语教学语法系统》是个综合的系统，它把《马氏文通》以来汉语语法研究的主要成果融汇在一起，构建了一个比较适合教学用的系统。它尽可能使这个系统的内容是一般人，特别是中学语文教师比较熟悉的。虽然它还存在许多不足，但是它向中学生讲解了汉语语法知识，并使语法知识通过学校走向社会。《暂拟汉语教学语法系统》属于传统语法，采用中心词分析方法。分为词法和句法两部分，词法部分主要讲词类，句法部分主要讲句子成分。句子是由词构成的，句子成分是由词充当的。这些都是该系统坚持的观点。虽然随着语法研究的深入，近年来功能语法、转换—生成语法等西方语言学界新的观点对中国的语法学界产生了较大影响，但是在中学语法教学上，该系统影响最大。

（3）中国现代标准语政策的特点

中华人民共和国成立以后，中央政府为了保持政令畅通，增强各民族对中华民族共同体的认同感，将“国语”改称为“普通话”。同时明确了普通话的定义，并以普通话审音、编纂《现代汉语词典》、确定《暂拟汉语教学语法系统》的方式，对普通话的语音、词汇、语法加以规范。使现代中国标准语的推广，首次有了科学的参照标准。

普通话的推广主要是通过中央政府的行政命令，在全国的学校、机关、企业和大众媒体中推广。中央政府还专门设置了“国家语言文字工作委员会”，对该项工作进行专门领导。同时，通过制定《国家通用语言文字法》（2000年）、设立每年的“全国推广普通话宣传周”（1997年），建立普通话等级水平测试制度（1996年），并将普通话水平与中小学教师、电视台和电台播音员等职业的从业资格挂钩，使普通话的推广得到了有效保证。

经过 70 余年的努力，中国的普通话普及率达到了总人口的 80.72%（截至 2020 年），还有部分少数民族地区和边远山区的农民、牧民不会普通话。对于这部分农民、牧民，政府推出了将普通话推广与促进经济收入挂钩的政策，主要是“推普脱贫”和“推普助力乡村振兴”政策，目前该政策正在稳步推进。

第二节　韩国的标准语政策

韩国的标准语政策，主要包括两个方面的内容：一个是 1948 年大韩民国成立以前的古代朝鲜半岛共同语的形成；另一个是大韩民国的标准语政策。大韩民国的标准语政策重点讨论标准语的语音、词汇、语法的规范情况。

4.2.1　大韩民国成立以前的共同语（1948 年前）

韩语历史悠久，其来源主要是朝鲜半岛南部“三韩”语言与半岛北部语言的融合，在统一新罗时代形成共同语，历经高丽王朝、朝鲜王朝的演变，逐渐发展成为以现代首尔话为标准的韩语标准语。

（1）韩国古代共同语的演变①

a. 古朝鲜时代——无统一语言

朝鲜半岛三国时代以前的历史，主要记录在中国的史书里面。根据中国史书记载，古朝鲜时代，朝鲜半岛没有形成统一的国家，其北部先后有箕子朝鲜、卫满朝鲜、汉四郡、夫余、沃沮、高句丽、邑娄等政权，南部分布有加罗、辰韩、马韩和弁韩等部落国家，相互之间并没有形成统一的语言。如《三国志・魏志・东夷传》记载：“沃沮……其言语与

① 对于韩国从古朝鲜到美军政府时期的共同语变化，主要参考了李正子（1998）、安炳浩（2009）、김재원（2019）等学者的观点。

句丽大同，时时小异”；“邑娄……古肃慎国也，其人形似夫余，言语不与夫余句丽同”；“辰韩在马韩之东，其嗜老传世而自言，古之亡人避秦役来适韩国，其言语不与马韩同”；“弁韩与辰韩杂居，言语法俗相似”。由此可见，在三国时代以前，朝鲜半岛没有统一的国家，也没有形成统一的语言。李正子（1998）认为，当时的语言基本上存在“肃慎系”“夫余系”“韩系”三个体系，其中作为现代韩语主要源头的“韩系”语言，主要包括辰韩、马韩和弁韩“三韩”的语言。

b. 三国时代到统一新罗时期——庆州方言

朝鲜半岛进入“高句丽、百济、新罗”三国时代以后，三国的语言也逐渐融合。《梁书·百济传》中对百济的记载有“言语服装，略与高句丽相同”。新罗语的中心是今天的韩国庆州一带。这是新罗国的发祥地，并一直是该王国的政治、文化中心。安炳浩（2009：20）认为：在古代新罗王国时期，庆州方言已经确立了其作为共用语言和文学语言的地位。公元7世纪，新罗统一了百济和高句丽，使得以庆州方言为基础的新罗语成为中世朝鲜语的源头。

关于三国时代及统一新罗时代的朝鲜语共同语如何规范和推广，目前还没有可靠的文献记录。但是我们可以推测，随着汉字的传入，汉字读音也应该随之传入了朝鲜半岛。汉字音的规范，则主要依靠遣唐使带回的中国字书中的读音为标准。如《说文解字》《尔雅》等。当时的朝鲜语汉字音应该跟汉语读音完全一样，或者非常接近汉语读音。这些汉字词和汉字音主要在贵族知识分子阶层中流传，并成为韩语的重要词汇来源。

c. 高丽王朝时期——开城方言

公元10世纪，高丽王朝取代统一新罗，将王都由庆州迁到半岛中部的开城。这一时期中世朝鲜语正式形成。开城位于新罗王朝西北部，在新罗王朝时期说的是新罗语的开城方言，因此，李正子（1998）认为：在高丽迁都开城以后，高丽共同语也是以新罗语开城方言为基础发展形成的。

高丽时代中国的韵书传入朝鲜半岛，贵族阶层和知识分子开始使用中国韵书规范汉字音。最早传入朝鲜半岛的中国韵书是《龙龛手镜》。高丽光宗九年（958 年），实行科举制度以后，需要汉诗、汉文的音韵学知识，所以大量使用韵书《通志》的内容。[①]通过使用中国韵书，高丽时代的汉字音得到了规范。

d. 朝鲜王朝时期——汉城方言

1393 年，李成桂建立朝鲜王朝，将首都从开京（开城）迁到了汉阳城（简称汉城，即今天首尔），汉城成为新的政治中心。安炳浩（2009：89）认为；朝鲜语的共同语开城方言也逐渐被汉城方言所取代。从地理位置上看，开城和汉城都在朝鲜半岛的中西部，所以方言差别并不大。

朝鲜时代为满足科举考试的需要，大量使用中国的韵书《礼部韵略》和《古今韵会举要》。同时，随着《训民正音》的创制，朝鲜人开始使用音素符号标记汉字读音，例如，对儿童蒙学识字教材《训蒙字会》的汉字音进行标记。另外，朝鲜朝还仿照明朝的《洪武正韵》，制定了官修韵书《东国正韵》，作为对汉字音规范的手段。可是由于《东国正韵》主要是照搬《洪武正韵》的音韵系统，并不符合当时朝鲜语汉字音的实际，所以《东国正韵》推行的效果并不好。[②]

e. 日本殖民时期——京城方言

1910 年日韩合并以后，汉城被改名叫京城。김재원（2019） 指出：1912 年，朝鲜总督府发布《普通学校用语文缀字法》，其中规定：“韩语的标准语是以京城语为标准。”并出版了《朝鲜语辞典》。之后的“朝鲜语学会”在《朝鲜语缀字法统一案》（1933 年）里规定，“标准语就是现在中流社会使用的首尔话”。1936 年，朝鲜语学会发表“审定朝鲜语标准语母音”，对朝鲜语（韩语）标准语的读音进行了规范。但是由于日本的语言压迫政策，在日本殖民时期，朝鲜半岛社会的共用语不是朝鲜语，而是日语。

f. 美军政厅时期——首尔方言

1945 年 8 月 15 日，日本投降以后，朝鲜半岛南北分治。김재원

---

① 关于高丽时代中国韵书传入朝鲜半岛的情况，主要参考了任少英（2003）的观点。

② 关于朝鲜时代韵书和蒙学教材的情况，主要参考了任少英（2003），李得春（2003），박나영・량야오중（2019）等学者的观点。

（2019）指出：1945 年 9 月 19 日，美国军政厅规定，在南朝鲜占领区的共用语为英语。但是这个法令只维持了两年，1947 年 6 月，美军政厅政府组织成立了南朝鲜过渡政府，南朝鲜过渡政府将共用语从英语换为韩语，同时以首尔话为标准语。

图 4–1　以日语为“国语”的教材

（2）朝鲜半岛古代共同语政策的特点

在统一新罗王朝建立以前，朝鲜半岛有多个民族居住，且语言差异较大，所以没有形成统一的共同语。汉字词在公元前 2 世纪以前，随着汉字进入朝鲜半岛，由此在古朝鲜语中带来了汉字词和汉字音。在统一新罗王朝建立以后，以庆州方言为基础的新罗语成为朝鲜半岛的共同语，朝鲜半岛第一次有了共同语。

高丽王朝时期，首都由庆州迁往了开城，开城方言成为高丽语共同语的基础。朝鲜王朝时代，首都迁到了汉城，由于汉城与开城较近，所以朝鲜语共同语虽然以汉城方言为基础，但是变化并不大。高丽时代和朝鲜时代主要使用韵书对汉字音进行规范。高丽王朝使用的是中国的韵书，朝鲜朝除了使用中国韵书以外，还编写了自己的韵书，并首创了用音素标记汉字的方法。通过用《训民正音》对蒙学识字教材的标记、同时使用韵书，以及将汉字音规范与科举制度相结合，逐渐形成了朝鲜语汉字音中，一个汉字对应一个读音的状况。

日本殖民时期，第一次有了标准语的概念，朝鲜总督府确定“京城话”（首尔话）为朝鲜语标准语的基础方言。自此，首尔话正式成为朝鲜语的标准语。同时朝鲜语学会制定了标准语的语音、语法标准，并出版了词典，对标准语词汇进行了规范。

4.2.2 大韩民国的标准语政策

大韩民国的标准语政策，主要是确定韩语标准语的语音、词汇、语法规范。

（1）标准语政策概况[①]

大韩民国成立初期的国语标准语政策，主要由民间学术团体朝鲜语学会主导，其核心内容是依据日本殖民时期制定的《朝鲜语缀字法统一案》和《审定朝鲜语标准语母音》确定首尔话的语音和语法标准。朝鲜语学会从 1949 年 10 月到 1957 年 12 月，出版了《朝鲜语大辞典》（1—6 卷）作为标准语的词汇标准。

另外，对于标准语的词汇方面，韩国政府进行了大规模的“国语醇化”运动。对社会上普遍使用的日语词进行调查，找出替代这些词语的韩国语词汇，并制定了相关草案。1947 年 1 月，文教部设立“国语醇化委员会”着手进行《恢复民族语言用词语汇编》的编纂工作。1948 年出版的《恢复民族语言用词语汇编》在其前言中提出了醇化韩语的方案：a. 有固有词但使用日语词的情况，采取抛弃日语词，使用固有词的醇化方式。b. 对因没有固有词而使用日语词的情况，采取从韩国语古语中提炼的方式代替日语词。c. 如在古语中也找不到可替代词语，则从其他语言中寻求相似成分，创造新的词语代替日语词。d. 抛弃日语汉字词，使用原有的汉字词。

1962 年，文教部成立了“韩文专用特别审议会”。该委员会下设生活用语、语言文学、法律制度、经济金融、艺术、科学技术六个分支委员会，主要负责将汉字词术语转换为韩国语固有词的工作。1967 年，韩文学会编撰出版《简单韩语辞典》，以配合政府的韩文专用政策。这部

① 大韩民国标准语政策概况，主要参考了高陆洋（2013）、박지홍（1988）、양명희（2014）、南廣祐（1995）、김봉국（2013）等学者的观点。

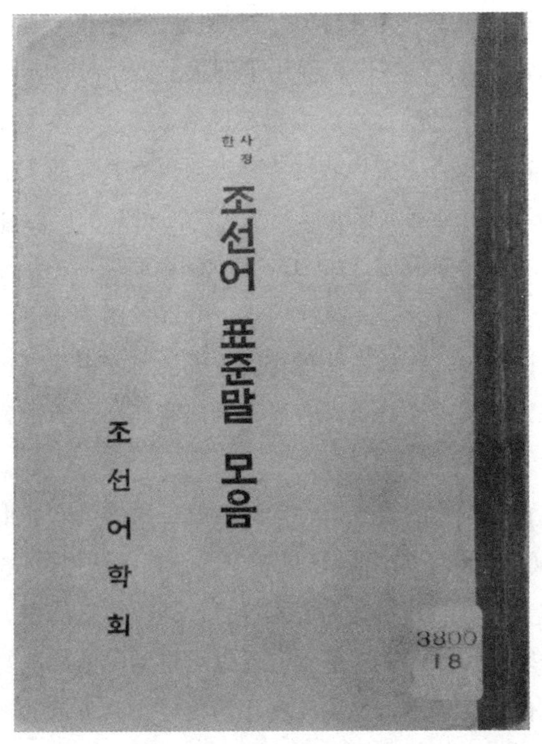

图 4–2　朝鲜语学会制定的《审定朝鲜语标准语母音》

辞典收录了包括一般词汇和各种专业词汇（单词和词组）在内的 15924 个单词，主要针对难懂和过时的汉字词、残余日语词、西方外来词，以及错用词汇等，给出相应的韩国语固有词。

1976 年，文教部成立“国语醇化运动协议会”，民间有关“国语醇化”的协会和研究会如雨后春笋在各地成立起来。同时，“国语醇化运动”的范围也逐步扩大到生活用语、舆论术语、学术术语、法律术语、建筑术语、体育术语、宗教术语等各个层面，此外还包括了俗语、发音、书写法等内容。在这一时期，“国语醇化”审议机构—“国语审议会”还新设了“国语醇化分科委员会”，《国语醇化资料》也在这一时期开始发刊。

1984 年文教部设立了国语研究所，专门负责修订语文规定。正式开始对“国语醇化”以及国语政策等进行调查和研究。国语研究所为韩文书写法、标准语规定、外来词标记法等的修订工作奠定了基础，并发行了《国语醇化资料集》和《国语误用事例集》等。1988 年 1 月，国语研究所正式发表《标准语规定》，该规定包括 2 部分：第一部，标准语审定原则（3 章 26 项），主要内容为“标准语以有教养的人们广泛使用的首尔话为原则”；第二部，标准发音法（7 章 80 项）。1991 年，国语研究所升格为国立国语研究院，1999 年国立国语研究院出版了《标准语国语大辞典》，进一步对标准语进行规范。2004 年国立国语研究院正式改为今天的国立国语院，作为文化体育观光部的所属机关，负责“制定、实行推动国语发展的语文政策，开展多种研究活动，为国民打造正确的语言生活”。

除了语言管理机关的设立，韩国针对标准语的确立和推广也颁布了法律文件。2005 年 1 月 27 日，《国语基本法》（法律第 7368 号）制定并公布，2005 年 7 月 28 日开始正式施行。该法律目的在于“促进国语使用，为国语发展和保持奠定基础，通过增进国民创造性的思维能力，提升国民的文化生活质量，为民族文化的发展作出贡献”。《国语基本法》的颁布，使得韩语标准语的推广普及有了法律保障。

（2）“国语醇化运动”的内容[①]

a. 对日语词的醇化

消除日语对韩国语的影响是“国语醇化运动”初期的主要目标之一。최용기（2003：92）指出，韩国语中的日语式词汇可分为四类：①纯日语词。②日语发音的汉字词。③韩国语发音的日语汉字词。④日语发音的西方外来词。其中，纯日语词和日语发音的汉字词又被看作“纯粹的日语词”，是醇化的首要对象，必须无条件地接受醇化。

b. 对韩国语发音的日语汉字词的醇化

高陆洋（2013）提出，韩国语发音的日语汉字词又可分为两类：一种是“减俸（감봉）”“过消费（과소비）”“景品（경품）”等只有

① 对“国语醇化运动”的内容及词语举例，主要参考了高陆洋（2013）、최용기（2003）等学者的观点。

韩国语读法的汉字词，另一种是“役割（역할，야쿠와리）”“立场（입장，다치바）”等既有韩国语读法又有日语式读法的混读汉字词。在对韩国语发音的日语汉字词进行醇化时，存在着“度”的问题。极端醇化运动家们主张完全消灭任何形式的日语式词汇。但实践证明无条件地拒绝使用日语汉字词将影响正常的语言生活。因为有大量日语汉字词在韩国语中的地位已经固化，如在开化期传入韩国的“经济（경제）”“会社（회사）”“政党（정당）”等词汇，已经完全成为韩国语的一部分，废除这些词的使用是违反语言发展规律和语言经济原则的。因此醇化运动的主流主张有选择性的使用韩国语发音的日语汉字词。其选择标准与汉字词的醇化标准相似，即不使用过于难懂的词汇。

c. 对过于难懂的汉字词的醇化

对于韩国人，汉字是一种外语的标记符号，不易理解和记忆，与之相关的汉字词也往往会给语言生活造成不必要的障碍。因此，对过于晦涩难懂的汉字词的醇化也成为“国语醇化运动”的主要内容之一。在对汉字词进行醇化时，同样存在着“度”的问题。曾有极端的醇化运动家主张完全用固有词来取代汉字词，但实践证明这种忽视语言发展规律和语言经济原则的做法是行不通的，它为语言生活带来了大量的累赘和不便，甚至会扼杀韩国语的发展空间：一方面，韩国语中50%以上的词需要通过固有构词成分加以重新建构，并需要通过评估，才能使用，其工作量巨大，耗时耗力过多；另一方面，由于韩国语固有词的造词能力较低，新造词的使用不符合语言经济原则，为语言生活带来了不便，无法为使用者所接受。因此，这种极端的做法很快就被人们所摒弃，对汉字词的醇化重新回到了“去除晦涩难懂的汉字词”这一原则内。（高陆洋，2013）

d. 对西方外来词的醇化

早期韩国引进西方外来词主要通过日语，形成了一些日语式西方外来词，这些日语式西方外来词作为醇化运动的对象，其使用已得到了控制。但随着语言使用者外语能力的增长，以及对西方文化认知度的提高，西方外来词的使用并没有减少，而是出现了增加的趋势。韩国学者担心外来词的滥用会发展到如同汉字词战胜固有词的地步，从而威胁韩国语自身的纯粹性和生存优势。因此“国语醇化运动”主张政府、舆论、学界以及民间共同努力，提倡和促进用韩国语固有词代替西方外来词。目前，遏制西方外来词的滥用已成为“国语醇化运动”的主要课题之一。

e. 对变形韩国语的醇化①

随着互联网的高速发展，计算机通信语言中的变形韩国语问题日益严重。部分学者认为，变形韩国语是对韩国语的歪曲，任其发展，必将影响韩国语的良性发展。作为一种语言变体，其发展趋势不可小觑。当这种变体达到一定规模后，必然会对语言的发展产生影响。

f. 对语言使用环境的醇化

“国语醇化运动”还提倡通过不使用侮辱性言语、俗语、隐语等格调低的语言来净化语言环境，旨在营造文明的社会环境，改善社会风气，促进社会向积极的方向发展。尤其是在互联网使用普及化的今天，针对互联网语言低俗化现象的净化也成为“国语醇化运动”的主要课题之一。

（3）现行标准语规范标准

现行《标准语规定》最早来源于朝鲜语学会 1936 年发表的《审定朝鲜语标准语母音》，经过 20 世纪 70 年代到 80 年代的不断修订，于 1988 年由国立国语院的前身国语研究所公布。2017 年经过部分修改，至今已成为现代韩语标准语的规范标准。

《标准语规定》总共分 2 部。第 1 部，标准语审定原则，共分为 3 章。第 1 章，总则；第 2 章，标准语发音变化规定；第 3 章，标准语词汇选择的变化规定。第 2 部，标准发音法，共分为 7 章。第 1 章，总则；第 2 章，字音和母音；第 3 章，音的长度；第 4 章，终声的发音；第 5 章，音的同化；第 6 章，硬音化；第 7 章，音的添加。

《标准语规定》确定了标准语的定义，是有教养的人使用的现代首尔

---

① 变形韩国语指在网络和日常文字交流中，韩国人任意增添韩语字母，改变单词的拼写形式的行为。类似汉字中的错别字。

话。并且对标准语的发音原则，和词汇选择原则做了介绍。同时，对于标准语的实际发音，特别是音变情况，进行了详细的介绍（见表 4-1）。

表 4-1　표준어규정[①]

문체부고시제 2017-13 호（2017. 3. 28.）

제 1 부 표준어 사정 원칙

제 1 장　총칙

제 1 항　표준어는 교양 있는 사람들이 두루 쓰는 현대 서울말로 정함을 원칙으로 한다.

제 2 항　외래어는 따로 사정한다.

제 2 장　발음 변화에 따른 표준어 규정

제 1 절 자음

제 3 항 다음 단어들은 거센소리를 가진 형태를 표준어로 삼는다. (ㄱ을 표준어로 삼고, ㄴ을 버림.

ㄱ	ㄴ	비　고
끄나풀	끄나불	
나팔-꽃	나발-꽃	
녘	녁	동~, 들~, 새벽~, 동틀 ~.
부엌	부억	
살-쾡이	삵-괭이	
칸	간	1. ~막이, 빈~, 방 한 ~. 2. '초가삼간, 윗간'의 경우에는 '간'임.
털어-먹다	떨어-먹다	재물을 다 없애다.

① 由于《标准语规定》内容太多，本文只摘抄第一部总则部分内容，其他内容和第二部标准发音法，可参见韩国国立国语院相关规定。https://www.korean.go.kr/。

续表

제 2 절 모음

제 8 항 양성 모음이 음성 모음으로 바뀌어 굳어진 다음 단어는 음성 모음 형태를 표준어로 삼는다. (ㄱ을 표준어로 삼고, ㄴ을 버림.)

ㄱ	ㄴ	비　　고
깡충-깡충	깡총-깡총	큰말은 '껑충껑충'임.
-둥이	-동이	←童-이. 귀-, 막-, 선-, 쌍-, 검-, 바람-, 흰-.
발가-숭이	발가-송이	센말은 '빨가숭이', 큰말은 '벌거숭이, 뻘거숭이'임.
보퉁이	보통이	
봉죽	봉족	←奉足. ~꾼, ~들다.
뻗정-다리	뻗장-다리	
아서, 아서라	앗아, 앗아라	하지 말라고 금지하는 말.
오뚝-이	오똑-이	부사도 '오뚝-이'임.
주추	주초	←柱礎. 주춧-돌.

제 3 절 준말

제 14 항 준말이 널리 쓰이고 본말이 잘 쓰이지 않는 경우에는, 준말만을 표준어로 삼는다. (ㄱ을 표준어로 삼고, ㄴ을 버림.)

ㄱ	ㄴ	비　　고
귀찮다	귀치 않다	
김	기음	~매다.
똬리	또아리	
무	무우	~강즙, ~말랭이, ~생채, 가랑~, 갓~, 왜~, 총각~.
미다	무이다	1. 털이 빠져 살이 드러나다. 2. 찢어지다.

续表

제 4 절 단수 표준어

제 17 항 비슷한 발음의 몇 형태가 쓰일 경우, 그 의미에 아무런 차이가 없고, 그중 하나가 더 널리 쓰이면, 그 한 형태만을 표준어로 삼는다. (ㄱ을 표준어로 삼고, ㄴ을 버림.)

ㄱ	ㄴ	비 고
거든-그리다	거둥-그리다	1. 거든하게 거두어 싸다. 2. 작은말은 '가든-그리다'임.
구어-박다	구워-박다	사람이 한 군데에서만 지내다.
귀-고리	귀엣-고리	
귀-띔	귀-틤	
귀-지	귀에-지	
까딱-하면	까땍-하면	
꼭두-각시	꼭둑-각시	
내색	나색	감정이 나타나는 얼굴빛.
내숭-스럽다	내흉-스럽다	
냠냠-거리다	냠냠-거리다	냠냠-하다.
냠냠-이	얌냠-이	

제 5 절 복수 표준어

제 18 항 다음 단어는 ㄱ을 원칙으로 하고, ㄴ도 허용한다.

ㄱ	ㄴ	비 고
네	예	
쇠-	소-	-가죽, -고기, -기름, -머리, -뼈.
괴다	고이다	물이 ~, 밑을 ~.
꾀다	꼬이다	어린애를 ~, 벌레가 ~.
쐬다	쏘이다	바람을 ~.
죄다	조이다	나사를 ~.
쬐다	쪼이다	볕을 ~.

续表

제 3 장 어휘 선택의 변화에 따른 표준어 규정

제 1 절 고어

제 20 항 사어 (死語) 가 되어 쓰이지 않게 된 단어는 고어로 처리하고, 현재 널리 사용되는 단어를 표준어로 삼는다. (ㄱ을 표준어로 삼고, ㄴ을 버림.)

제 2 절 한자어

제 21 항 고유어 계열의 단어가 널리 쓰이고 그에 대응되는 한자어 계열의 단어가 용도를 잃게 된 것은, 고유어 계열의 단어만을 표준어로 삼는다. (ㄱ을 표준어로 삼고, ㄴ을 버림.)

ㄱ	ㄴ	비 고
가루-약	말-약	
구들-장	방-돌	
길품-삯	보행-삯	

제 3 절 방언

제 23 항 방언이던 단어가 표준어보다 더 널리 쓰이게 된 것은, 그것을 표준어로 삼는다. 이 경우, 원래의 표준어는 그대로 표준어로 남겨 두는 것을 원칙으로 한다. (ㄱ을 표준어로 삼고, ㄴ도 표준어로 남겨 둠.)

ㄱ	ㄴ	비 고
멍게	우렁쉥이	
물-방개	선두리	
애-순	어린-순	

제 4 절 단수 표준어

제 25 항 의미가 똑같은 형태가 몇 가지 있을 경우, 그중 어느 하나가 압도적으로 널리 쓰이면, 그 단어만을 표준어로 삼는다. (ㄱ을 표준어로 삼고, ㄴ을 버림.)

续表

ㄱ	ㄴ	비　고
-게끔	-게시리	
겸사-겸사	겸지-겸지/겸두-겸두	
고구마	참-감자	
고치다	낫우다	병을 ~.
골목-쟁이	골목-자기	
광주리	광우리	
괴통	호구	자루를 박는 부분.
국-물	멀-국/말-국	
군-표	군용-어음	
길-잡이	길-앞잡이	'길라잡이'도 표준어임.
까치-발	까치-다리	선반 따위를 받치는 물건.
꼬창-모	말뚝-모	꼬챙이로 구멍을 뚫으면서 심는 모.
나룻-배	나루	'나루[津]'는 표준어임.
납-도리	민-도리	
농-지거리	기롱-지거리	다른 의미의 '기롱지거리'는 표준어임.
다사-스럽다	다사-하다	간섭을 잘하다.
다오	다구	이리 ~.
담배-꽁초	담배-꼬투리/담배-꽁치/담배-꽁추	
담배-설대	대-설대	
대장-일	성냥-일	

제 5 절 복수 표준어

제 26 항 한 가지 의미를 나타내는 형태 몇 가지가 널리 쓰이며 표준어 규정에 맞으면, 그 모두를 표준어로 삼는다.

续表

복 수 표 준 어	비 고
가는-허리/잔-허리	
가락-엿/가래-엿	
가뭄/가물	
가엾다/가엽다	가엾어/가여워, 가엾은/가여운.
감감-무소식/감감-소식	
개수-통/설거지-통	'설겆다'는 '설거지하다'로.
개숫-물/설거지-물	
갱-엿/검은-엿	
-거리다/-대다	가물-, 출렁-.
거위-배/횟-배	
것/해	내 ~, 네 ~, 뉘 ~.

（4）韩国现代标准语政策的特点

大韩民国成立以后，恢复了韩语的国语地位，由国立国语院制定了《标准语规定》对韩语标准语的语音、语法进行了规范。同时为了消除日语影响，通过国语醇化运动、编纂《标准语国语大辞典》的方式，对标准语的词汇加以规范。使现代韩语的标准语的推广，有了科学的参照标准。

标准语主要是通过全国的学校、机关和大众媒体推广。政府还专门设置了“国立国语院”，负责对标准语的规范研究。同时，通过制定《国语基本法》（2005 年），从法律上为标准语的推广提供支持。

经过 70 余年的努力，韩国的标准语普及率已经接近完全普及，还有极少数住在农村，且年纪比较大的老年人不会标准语。另外，虽然不是每个人都能达到绝对标准的程度，但是都可以使用标准语作为日常交际语言，韩国已经达到了标准语普及的目标。

第三节　中韩标准语政策的比较

关于中韩标准语政策比较，由于古代没有标准语的概念，所以古代标准语政策部分只能进行共同语的比较。现代标准语部分，主要是根据语言政策比较原则，确定具体的标准语比较标准，然后对照标准将中韩标准语政策进行比较。

4.3.1　对中韩古代共同语政策的比较

（1）两国历代都是以首都话为基础方言

除了少数国家不以首都方言为共同语基础（如现代意大利语）以外，以首都方言为共同语的基础方言，在全世界都是通行的情况。中韩两国的情况也是如此，历代均以首都方言为共同语的基础方言。

中国在西周和东周时期，共同语被称为“雅言”，雅言在西周时期以都城镐京（长安）话为基础方言，在东周时期以都城成周（洛阳）话为基础方言。汉代的共同语被称为通语，其基础为秦朝首都咸阳和西汉首都长安方言。由于咸阳和长安距离很近，所有方言差异并不会很大，因此，汉代的通语应该是以秦汉首都为基础音的关中方言“秦语”。魏晋南北朝到唐宋时期，也是以当时的首都方言为共同语的基础方言，魏晋时代以洛阳地区的河洛方言为基础，隋唐共同语应该是西都长安或东都洛阳方言为基础，宋代以首都汴梁地区的汴洛方言为基础。元代到清代，都是以北京为首都，所以共同语的基础方言都是北京话。民国时期虽然有一段时间首都从北京迁到了南京，但是共同语的标准音还是以北京音为准。这个传统一直保留到了中华人民共和国成立以后。

朝鲜半岛在三国时代以前，南部和北部住着不同的民族，所以没有统一的共同语。三国时代，高句丽有高句丽语；百济有百济语；新罗有新罗语。三国之间的语言不同，也没有形成统一的语言。随后新罗灭亡高句丽和百济，统一了朝鲜半岛，新罗首都庆州方言成为新罗语的共同语。高丽王朝时代，将国都迁到了开城，于是开城方言成为共同语的标准音。朝鲜王朝将首都从开城迁到了汉阳（汉城），汉城方言就成为朝鲜语标准音。直到日本殖民时期，第一次提出标准语的概念，当时汉城改名为京城，而且是朝鲜总督府的驻地，所以京城方言被明确规定为朝鲜语标准语的基础方言。

图 4–3　日本殖民时期的日语版理科教材

（2）两国的共同语语音规范方式相同

中韩两国在传统共同语的规范方式上，都是重视对共同语语音的规范，而不重视对词汇和语法的规范。且对语音的规范，都采取了官方编写韵书的方式。

中国方言众多，共同语语音的规范，主要是靠编写韵书来完成。最初的韵书出自魏晋南北朝时期，到隋朝时《切韵》问世，是韵书的集大成者。唐朝、宋朝、元朝、明朝、清朝等各个朝代，都有官修韵书，用以作为科举考试作诗押韵的标准。

朝鲜半岛的音韵学也很发达，古代朝鲜人也有编写韵书的传统，用以规范朝鲜汉字音。同时《训民正音》的创制目的之一，也是为了规范汉字音。在《训民正音》创制以后，朝鲜王朝还编写了《东国正韵》对朝鲜汉字音进行规范。

4.3.2　对现代中韩标准语政策的比较

对中韩标准语政策的比较，主要就是对中华人民共和国与大韩民国标准语政策进行比较。根据本文制定的比较标准，标准语政策的比较，是对代表性、规范性、传承性、保障性、广泛性五个方面进行比较。

（1）代表性比较

代表性是指确定标准语的基础方言，要选择在语音、词汇、语法方面有较高认同度的方言。该方言为本民族大多数成员熟悉或使用。

中国标准语的基础方言是北方话。普通话的语音、词汇、语法标准都是以北方话为标准。其中选择北京音为标准音，主要是由于北京话是北方话的代表方言，其特征是没有浊音声母和入声调类，这符合大部分北方话的特征。在明清两代，北京话作为官话长期在官员阶层流行，并随着官员在各地任职，和通俗小说的流传已经在全国各地有了初步的传播，具有一定的群众基础。另外，中国的北方话分为东北—华北方言、江淮方言、西南方言、西北方言，所占人口达到了中国总人口的 73%。[①]所以北方话是绝大多数中国人日常使用的方言，选择北方话的词汇作为标准语词汇来源，有利于标准语的推广。而选择白话文作为语法规范，则是由于白话文语法属于北方话的语法体系，“五四”运动所引发的“白话文运动”，动摇了文言文的统治地位，使白话文得到了普及。所以选择北方话为中国标准语的基础方言具有很高的代表性。

韩国标准语的基础方言是首尔话。现代韩语的方言大致分为咸镜道方言、平安道方言、京畿道方言、全罗道方言、庆尚道方言和济州道方言 6 大方言区。[②]其中济州道方言与其他地区方言差异较大，相互之间不能通话。剩下 5 个方言区，在语音、词汇、语法上的差异并不大，相互可以通话，其中庆尚道方言有声调，其他方言区无声调，所以理论上除了庆尚道方言不具备代表性，其他方言都可以被定为标准语的基础方言。但是，咸镜道和平安道位于北朝鲜，其语音定为韩国标准音会有困

① 黄伯荣、廖序东主编：《现代汉语》（增订第六版，上册），高等教育出版社 2017 年版，第 4 页。

② 정승철主编：《全国方言地图制作》，韩国国立国语院 2015 年版，第 10 页。

难。同时，韩国全国人口的50%以上集中在首尔、京畿道一带的首都圈，说京畿道方言的人口是大多数。首尔话是京畿道方言的代表音，所以确定首尔话为基础方言，具有较高的代表性。

（2）规范性比较

规范性是指确定标准语的基础方言以后，对自然语言从语音、词汇、语法等层面制定相关的规范标准，统一语言的使用规则，方便社会全体成员学习、使用。

中国的标准语政策，对普通话的定义进行了规定。根据定义，普通话是以北京语音为标准音，以北方话为基础方言，以典范的现代白话文著作为语法规范的现代汉民族共同语这个定义。分别从语音、词汇、语法三个方面对普通话进行了规定。同时在语音规范上，中国政府组织了普通话的审音，制定了《普通话异读词审音表》；在词汇规范上，出版了《现代汉语词典》；在语法的规范上，提出了《暂拟汉语教学语法系统》，从而使普通话在语音、词汇、语法的层面都有了规范的标准，方便了社会全体成员的学习、使用。

韩国的标准语政策，对韩语标准语的定义进行了规定。韩国政府制定的《标准语规定》第1部第1章总则规定，标准语是“有教养的人普遍使用的现代首尔话”。第2部第1—7章，对韩语标准语的具体发音进行了规范。另外，通过国语醇化运动，制定了《标准语国语大辞典》，韩语标准语的词汇也得到了规范；《韩语缀字法》，则对韩语标准语的语法进行了规定。韩语的标准语在语音、词汇、语法等层面都有了规范的标准，方便了社会全体成员的学习、使用。

（3）传承性比较

传承性是指制定标准语政策，要考虑语言的历史继承性和语言习惯的延续性，遵循语言发展的规律，尊重历史习惯，避免社会交际中的沟通混乱。

中国的普通话语音标准是北京话，词汇基础是北方话、语法基础是白话文。以北京话为标准音，是从清代“官话”开始形成的。虽然在民国初期经历了“国音”（人为确定国语标准音）和“京音”（北京音）

的争议，最后还是“京音”战胜了“国音”。北京话作为汉语的标准音，是继承了清代以来的“官话”传统。北方话是中国七大方言中，使用面积最广，人口最多的方言，且自唐代以来，很多文学作品都是以北方话来书写，促进了北方话词汇使用面积的扩散，使得北方话词汇使用具有较强的传承性。白话文是五四运动以后兴起的文学形式，虽然与传统的文言文相比，语法差异较大，但是从唐宋以来，中国就已经出现言文不一致的情况，使用白话文为语法标准，符合汉语现代口语交际的实际，是对唐宋以来汉语口语发展情况的传承。

韩国的标准语政策主要是规范和推广首尔话。自从朝鲜王朝建立，将首都从开城迁到首尔，首尔就成为朝鲜王朝到现代韩国600余年以来的首都。首尔话（汉城话）也一直作为朝鲜王朝的共同语。在日本殖民时期，规定京城话是朝鲜语的标准语，朝鲜语学会也规定首尔话是标准语的语音标准，这个传统到大韩民国时期得以继承。同时，在国语醇化运动中，韩语尽量使用固有词代替日语汉字词，也体现了对传统的继承。

（4）保障性比较

中韩两国都采取了法律措施来保障标准语的推行。

中国推广普通话，有《宪法》和《国家通用语言文字法》作为推广的依据。《中华人民共和国宪法》规定：“国家推广全国通用的普通话”；《国家通用语言文字法》规定：“国家推广普通话”。同时中国政府机构中设置有“国家语言文字工作委员会”，专门负责普通话的规范和推广工作。这个机构于1998年与国家教育部合并，主要负责在教育机构、大众媒体、政府机关中推广普通话。同时，从1997年起，中国将每年9月的第3周，设立为“推广普通话宣传周”。另外，1994年起，中国还推行了“普通话水平测试”制度，将普通话水平高低与教师资格证、导游资格证等从业证书挂钩，促进了普通话的普及。

韩国的韩语标准语有《国语基本法》作为推广的依据。《国语基本法》规定：“国语是大韩民国的共用语——韩语”。韩国政府体育文化观光部设立“国语审议会”主要负责韩语标准语规范的确定工作。体育文化观光部负责韩语的普及、推广，主要是通过国民教育、大众媒体、网络等途径推广普及韩语，确保了韩语的有效推广。

（5）广泛性比较

中韩两国的标准语普及率都较高，中国由于幅员辽阔、民族众多，目前还有一些少数民族地区和汉族农村的人民不懂普通话；而韩国的标准语因为与方言的分歧较小，国家面积较小，所以普及率相对较高。

中国经过近 70 年普通话的推广，截至 2020 年，全国普通话的普及率已经达到了 80.72%。[①]目前在中国人的公共生活中普遍使用普通话，特别是跨区域的交流，一般都使用普通话。且教育机关、大众媒体、服务行业都已经普遍使用普通话，政府机构也开始在逐渐普及普通话。但是全国还有约 20%的人口还不会说普通话，普及普通话的任务还没有完成。

韩国除了济州道方言以外，其他地方的方言差异不大，而且韩国是单一民族国家，不存在少数民族，所以在推行韩语标准语时，阻力不大。由于从朝鲜时代开始，首尔话就是标准语的标准，因此经过 70 余年的推行，目前韩国的标准语普及程度很高，就是方言分歧最严重的济州道地区，也已经普及了韩语标准语。2001 年韩国中小学国语教师的标准语使用率达到了 92.6%，[②]中小学生的标准语使用率为 87.2%。[③]随着 1997—2020 年 20 多年的持续普及，目前韩语标准语普及率应该更高（国立国语院近 20 年没有做相关调查，所以没有确切数据），总的来看，韩语标准语的推广是比较成功的。

（6）比较的结果

中韩标准语政策比较的结果，具体如表 4-2 所示（“+”具备，“-”不具备，“+/-”不完全具备）：

---

① 根据中国教育部网站公布数据：http://www.moe.gov.cn/jyb_xwfb/s5147/202009/t20200915_488008.html。

②《国语教师标准语使用现状调查（2）》，韩国国立国语院 2001 年版，第 5 页。

③《国语教师标准语使用现状调查（1）》，韩国国立国语院 1997 年版，第 83 页。

表 4-2　中韩现代标准语政策比较表

国别	代表性	规范性	传承性	保障性	广泛性
中国标准语政策	+	+	+	+	+/−
韩国标准语政策	+	+	+	+	+

4.3.3　小结

（1）两国古代共同语政策比较的小结

中韩两国古代的共同语都是以首都的方言作为基础方言，而且两国对于共同语的规范，都是重视字音的规范，轻视词汇、语法的规范。在对字音的规范方式上，都使用了韵书作为主要手段。最早两国都使用的是中国的韵书，朝鲜时代朝鲜半岛开始编纂本国的韵书，用于规范朝鲜汉字音。虽然两国都曾受到外族压迫，使本国语言短暂失去国语地位，但是中国的汉语和半岛的朝鲜语并没有被外族统治者的语言所替代，最终都得到了保留和发展。

（2）两国现代标准语政策比较的小结

中国的标准语是普通话。普通话以北京语音为标准音，以北方话为基础方言，以典范的白话文著作为语法规范。这是明清以来汉语共同语的基础，流传范围广，使用人口多。另外，国家语委对普通话的语音、词汇、语法制定了规范，《国家通用语言文字法》保障了普通话的推行。总体来看，除了部分少数民族和汉语方言区的农村人口，中国大部分人口已经普及了普通话。

韩国的标准语是有教养的人普遍使用的现代首尔话。首尔话从朝鲜王朝时代起就是韩语的标准语。到现在为止，首尔话是韩语中使用人口最多的方言，在韩语六大方言区中最有代表性。国立国语院通过制定《标准语规定》，编纂《标准语国语大辞典》，确定《韩语缀字法》来分别对标准语的语音、词汇、语法进行规范。《国语基本法》保证了标准语的推广。总体来看，韩语标准语基本上已经达到了全面普及的水平。

（3）对绪论部分有关标准语政策问题的回答

问题一：“部分中文口语水平较好的韩国人，到了中国的内蒙古、广东、上海等地区，有时候听不懂当地人说话，自己的中文发音和当地人也有很大差异，沟通困难。”这个问题涉及了中国的标准语政策。中国拥有 56 个民族，其中大多数民族使用自己的民族语言。同时，汉语分为七大方言区，各方言之间语音、词汇、语法差异较大。而中国的普通话是以北方话为基础方言，由于全国还有约 20%的人不会说普通话，所以如果到了中国南方地区或者少数民族地区，遇到不会说普通话或者普通话不标准的中国人，自然无法交流。

问题二：“中国人在学习了韩语以后，前往庆南、济州等地区，与当地人聊天，却有很多话听不懂，沟通出现困难。”这个问题涉及韩国的标准语政策。韩国虽然是一个单一民族国家，但是各地韩语语音、词汇、语法并不完全一致。现代韩语有六大方言区，其中咸镜道方言和平安道方言位于北朝鲜，其余四个位于韩国。韩语的标准语是以首尔方言为标准，由于首尔方言无声调，庆尚方言有声调，所以在用标准语对庆尚方言进行沟通时，会存在部分听不懂的情况。而济州岛古称“耽罗”，在高丽王朝以前都是独立于韩国的一个国家，其语言“耽罗语”与韩语不同，受古代“耽罗语”的影响，济州方言与韩语标准语差异较大不能通话。

第五章　中韩罗马字表记政策比较

中韩两国现行文字有差异，但是古代都长期共同使用汉文。汉文的表意特点使两国的语音标记问题一直是一个难题。中韩都曾走过了从汉字标音，到音素符号标音的道路。只是汉语的“注音符号”，始终只是认识汉字的辅助工具，最终还被《汉语拼音方案》所取代；而韩国的《训民正音》最终成为正式的文字，取代了汉字，同时，韩国也发展了自己的罗马字表记系统。

第一节　中国的语音标记政策

汉字是一种表意文字，因此古代汉语的标音问题，一直是较难的问题。在传统的“小学”中，《音韵学》就是专门研究汉语语音的学科，但是一直被视为“绝学”。到了近代以后，随着西方传教士到中国传教，也带来了用罗马字母标记汉语的方法。

5.1.1　中华人民共和国成立以前的汉语标音（1949 年前）

在中华人民共和国成立以前，汉语注音经历了汉字注音、汉字式字母标音、罗马字母标音三个阶段。其中晚清以前，主要使用汉字注音方式。晚清以后，中国走上了用音素注音的方式，主要发展为汉字式和罗马字母式标记符号。

（1）汉字注音[①]

中国古代没有专门的语音标记系统，于是古人采用汉字来给汉语注音。主要有“譬况”“直音”和“反切”三种注音方法。

a. 譬况法

譬况法以同音或近音字的读音做比拟，而以发音部位和发音方法的描写为譬喻。主要术语有“读若”“急言”“缓言”“长言”“短言”“内言”“外言”等。如《说文解字》：“珣……读若宣”。又如，《淮南子・坠形训》：“其地宜黍，多旄犀。”东汉高诱注云：“旄读绸缪之缪，急气言乃得之。”又如《淮南子・修务训》高诱注：“駤，读似质，缓气言之者，在舌头乃得。”宋均芬（2013）提出，譬况法之术语的真切含义在六朝时已不可晓，今人有认为急言、外言指含[i]介音的细音字，缓言、内言指不含[i]介音的洪音字，又有人认为急言指平声，缓言指仄声，长言指舒声调，短言指促声调。但由于古语过于含混，目前无论从声调、元音和介音等方面都还不能得出完全适当的解释。“譬况”的方法仅能知道字的大概读音，而不能得出准确读音。

b. 直音法

直音法是选用与难字读音相同的常用字来直接注音，即以同音字的读音作为被注字的读音。如《经典释文・毛诗音义》“逑音求”“乐音洛”。叶德辉《说文读若字考》认为直音始于东汉末年服虔的《左传音》。这种直音方法在历史上可以算得上是比较正式的注音方法，其优点是简捷明了，比“譬况”的注音方法要好多了，但也有其不可弥补的缺点。正如清朝人陈澧所说：“……然或无同音之字，则其法穷；虽有同音之字而隐辟难识，则其法又穷。”比如要想给“丢 diū”字来个直音，恐怕是困难的；或者所注的汉字没有同音字或者其同音字比较冷僻的情况

① 对于使用汉字注音的概况，参考了宋均芬（2013）、濮之珍（2002）等学者的观点。

下，就往往注不出来或注音不准确了。

c. 反切法

反切也叫“反”“翻”“切”“反言”“反音”“反语”。反切是用两个汉字注出另一个汉字读音的注音方法。它是用两个汉字分别标记声母和韵母。反切的上字取其声母，反切的下字取其韵母和声调，声母和韵母相拼合，再加上反切下字的声调，就切出被注音字的字音了。如“当孤”切“都”。这里的“当 dāng”表示“都 dū”的声母 d，“孤gū”表示“都 dū”的韵母 d 和声调（阳平调）。“反切”早期不用“切”字，只叫“某某反”或“某某翻”，自唐代宗大历年间以后，将“反”字改为“切”字，但“反”和“切”意义是相同的，都是“反复切摩”的意思，正如清人李汝珍在他的《李氏音鉴》里所说：“反者，覆也，切者，摩也。所谓反切者，盖反复切摩而成音之义也。”唐代以前的韵书有的用“某某反”，有的用“某某翻”，有的用“某某切”。宋代《广韵》全用“某某切”，以后韵书沿用“某某切”，不用“反”或“翻”。

关于反切产生的时代，北朝颜之推《颜氏家训》中说过：“孙叔然创《尔雅音义》，是汉末人独知反语。”又说：“至于魏世，此事大行。”叔然是汉末人孙炎的字。唐代陆德明的《经典释文》，张守节的《史记正义》以及后来的一些人也都以为“反切”是汉末孙炎创造的，说明至少到汉代，反切就已经出现了。这种注音方法，弥补了“譬况”和“直音”的缺点，通过对反切法的运用和研究产生了很多《韵书》和《韵图》，《韵书》和《韵图》也成为中国传统音韵学研究的主要内容。在 1918 年注音字母等音素注音方式公布以前，反切法一直是中国人主要使用的汉字注音方法。

（2）汉字式字母标音[①]

清末关于汉字存废问题的探讨非常热烈。先后出现了切音字运动、简字运动，最终促进了汉字式标音系统——“注音符号”的产生。

---

① 对于汉字式字母注音的概况叙述，参考了黎锦熙（2011）、苏培成（2010）、王理嘉（2003）、林翔（2020）、世界华语文教育会（2012）等著作的观点。

a. 切音字运动

随着西学的传播，汉字形体繁难、不易识读的问题逐渐引起了学界的关注与思考。1892—1912年，不少学者开始通过设计拼音字母方案，辅助民众学习汉字。这就是“切音字运动”。在全国各地的多种切音字方案中，卢戆章的《中国第一块切音新字》、王照的《官话合声字母》和劳乃宣的《简字全谱》不仅流传广泛，而且影响较大。不过，由于当时标准语的语音还没确定，三者所选用的标准语音相去甚远：《中国第一块切音新字》以厦门语音为标准音，《官话合声字母》以北京语音为标准音，《简字全谱》则以北京语音（官音）、南京语音（宁音）、苏州语音（吴音）、福州语音和广州语音（闽广音）等各地语音的综合体为标准音。

b. 简字运动

语言文字学家黎锦熙将1900年至1911年定义为“简字运动”时期。林翔（2020）指出，所谓的“简字”是像日本的假名和韩国的韩文一样的，由“声”与“韵”拼合而成的“文字”。如果将它与现在中国的拼音相比照，简字相当于已拼合成某汉字字音的音节，而非单个的音素字母。这一时期最具代表性的方案是王照的《官话合声字母》和劳乃宣的《简字谱录》，由于《简字谱录》是在《官话合声字母》的基础上，增补方言的声、韵母而制成的拼写方言的“简字”，所以二者基本上可以看作是同一种方案。不管是“切音字运动”还是“简字运动”，这些都是汉语最早的音素式标音方式尝试，所有方案都是使用的汉字形体的简化作为标音符号，没有使用罗马字母。

c. 注音符号

“注音符号”原名“注音字母”，是民国初期制定并实行的中国第一套法定的汉语标音符号，专门为推广国语而作。该套符号由民国二年（1913年）“读书统一会”所议定，民国七年（1918年）11月23日由教育部公布。根据世界华语文研究会编撰的《国语运动百年史略》（2012：64-78）中记载，在“读书统一会”议定注音字母以前，用以拼记汉语字音的符号系统，共有41家，其中有的早已创制，有的专为参与读书统一会而创作；有的早已印行流传，有的由读书统一会油印分发以供探讨；其41家可分为四类：第一类，汉字形体类。本来包括汉字的直音、反切、各种字形、偏旁、汉字笔画、日文假名，是最多的符号系统，合计16种。第二类，罗马字母类。本类包括罗马字母及希腊字母，以及各种字母变形、异体，是现今最流行的一类，合计5种。第三类，速记符号类。本类包括各种速记符号，合计13种。第四类，数码代号类。本类包括汉字数字、阿拉伯数字、苏州码子以及符号独特难明者，合计有6种。

这41家拼记汉语字音的符号系统，以汉字形体类为多数，到了“读书统一会”上，究竟以哪类形体作为注音字母的标准，产生了激烈的争论。最后议定，制定注音字母的基本原则如下“母韵符号，取有声、有韵有意义之偏旁（用古双声叠韵假借法不必读如本字）。”按此原则公定注音字母39字，而这套注音字母，基本上遵循了章炳麟创制的方案。民国十九年（1930年）中国国民党中央执行委员会通过“改定注音字母名称，改称注音符号，以免歧误而不利推行”案，令行政院及各直辖机关，改注音字母名称为注音符号。这里所说的“歧误”是指当时有人误认为“注音字母”像欧美通用的“字母”，可以用来替代汉字；确定“注音符号”就是确定其使用范围：它只限于注在汉字旁边，用来注出汉字的字音，是辅助认识汉字而注音的符号，不能代替汉字单独使用。民国二十四年（1935年）为了铸造注音汉字铜模，公布《汉字旁注之注音符号印刷体式表》，对国语注音符号的符号及调号写法进行了最终确定，直到1949年国民党政府迁到台湾以后，也再无大的变动。

这套国语注音符号，在大陆地区一直使用到1958年，直到《汉语拼音方案》公布才没有再使用，而在台湾地区现在仍然在使用（见表5-1）。

表 5-1　《国语注音符号》（部分）[①]

壹、國語注音符號體式表

一、總表

註：1. 聲符「万」、「兀」「广」國音不用。

2. 韻符「■」注音時省略不標。

3. 本手冊據民國 24 年「國字旁注之注音符號印刷體式表」重新設計製作，據該表韻符「一」直式注音寫成「一」，横式注音寫成「丨」。惟時空環境變遷，為便於資訊交換及使用習慣等因素，韻符「一」於横式注音時以寫成「一」為原則，也可寫成「丨」。

① 由于篇幅所限，本处之节录了《国语注音符号》部分内容，全部内容可见以下网页：http://language.moe.gov.tw/001/Upload/files/site_content/M0001/juyin/index.html。

（3）罗马字标音[①]

汉语的罗马字母（又称拉丁字母）标音方法，最早由西方传教士创制，到晚清时期，逐渐得到中国人的重视。中国人自己也开始了罗马字注音系统的探索，其中最著名的就是国民党政府推行的“国语罗马字拼音法式”和共产党推行的“北方话拉丁化新文字”。这两套方案，也成为新中国研制《汉语拼音方案》的基础。

a. 西方人发明的拼音

明清以来，随着大量的西方传教士来到中国，学习汉语成为西方传教士首先要面对的问题，用拉丁字母来拼写中国话，是他们首先想到的。明代著名的意大利传教士利玛窦（Matteo Ricci，1552—1610）在 1605 年写的《西字奇迹》，就用拉丁字母来拼南京语音；法国天主教传教士金尼阁（Nicolas Trigault，1577—1628）利用利玛窦的拼音系统，在王征等人的协助下写了一部以拉丁字母拼注汉语的书，叫作《西儒耳目资》，这是最早用拉丁字母给汉字注音的韵书，开启了以拉丁字母为汉字注音的先河。（世界华语文教育会，2012：78）

到清代晚期，西方人来中国的，不只是传教士，还有很多商人，他们也用拉丁字母来拼识汉字、拼写汉语，这其中出现了两套影响力较大的汉语罗马字标音系统，一套是“威妥玛式拼音”；另一套是“耶鲁式拼音”。

威妥玛（Thomas Francis Wade，1818—1895）是英国人。1841 年起任职英国驻华使馆，1871 年升为英国驻华公使，1883 年离华回国，在剑桥大学担任教授。威妥玛先后在 1859 年写成《寻津录》，1867 年写成《语言自迩集》（*Teach Yourself Chinese*），两书都是供使用英语的外国人学习汉语、汉字之用。在这两本书中的汉字注音，都使用威妥玛根据北京读书音及汉语的特点所制定的拉丁字母拼音方案。翟理斯（1845—1935，H.A.Giles）是英国驻华外交人员，他编写《汉英词典》（*A Chinese-English Dictionary*）（1892 年上海初版，1912 年伦敦再版）时，

① 对于罗马字标音的概述，参考了黎锦熙（2011）、苏培成（2010）、王理嘉（2003）、世界华语文教育会（2012）等著作的观点。

使用威妥玛的拉丁字母拼音方案并略加修改，后人也习惯称作威妥玛式拼音、韦式拼音、威翟式拼音（Wade-Giles system），实际上已是一套翟理斯改良的威妥玛拼音方案。这套方案被普遍用来拼写中国的人名、地名。汉语拼音使用以前，这是应用最广的拼写中文普通话的罗马拼音系统。另外，当时的交通业、邮政界拼写人名、地名的系统，跟"威妥玛系统"很类似，只是在区分同音字时有特别的拼法，通称为"邮政制拼音系统"（Postal System）。

耶鲁式拼音（Yale System），曾风行欧美 30 多年。这是由美国耶鲁大学（Yale University）的 George Kennedy 在 1943 年所研制的汉语罗马字拼音系统，目的是为了美国人能在最短的时间内学会汉语，便于派赴中国成为协助中国对日军作战的美国军人。目前在欧美国家，还有人使用这套系统。

b. 国语罗马字拼音法式

中国人研制的第一个罗马字拼音系统方案是卢戆章的《一目了然初阶（中国切音新字厦腔）》，1892 年在厦门出版。这个方案采用拉丁字母及其变体，总数选了 55 个。另外，朱文熊的《江苏新字母》（1906 年），刘孟扬的《中国音标字书》（1908 年），江亢虎的《通字》（1908 年），黄虚白的《拉丁文臆解》（1909 年），邢岛的《拼音字母》（1913 年），刘继善的《新华字》（1914 年）等都是中国人对汉语罗马字标记方式的探索。

1923 年钱玄同向国民政府教育部的国语统一筹备会提出一个议案：请组织"国语罗马字委员会"案，议案中提出："二十六个罗马字母现在已成为世界通用的字母……我们现在要做到国音统一和教育普及……固然愿意用注音字母，但同时我又主张应该用罗马字母作为国音字母第二式……"议案认为"国语罗马字"制成以后至少有这样几种好处：①适用于罗马字母打字机；②便于拼写国内，特别是国际上的人名、地名；③便于吸收音译外来词；④便于书写。国语统一会接受了这个议案，正式成立了一个"国语罗马字拼音研究委员会"。另外，赵元任也在 1923 年发表了长篇论文《国语罗马字的研究》，为拟定国语罗马字确定了二十五个重要原则，首次从理论上全面系统地阐明了制定汉语拉丁化拼音

方案的基本原则。（王理嘉，2003：35-38）

1926 年国语罗马字拼音研究委员会制定了“国语罗马字拼音法式”，并在《增修国音字典》的汉字注音中与注音字母对照使用。1928 年，“国语罗马字拼音法式”由国民政府大学院（即教育部）院长蔡元培予以公布，并把“注音字母”定名为国音字母第一式，“国语罗马字拼音法式”则为国音字母第二式，对照发表，布发全国。1940 年，教育部国语推行委员会改《国语罗马字拼音法式》名称为《译音符号》，以示使用“罗马字母”之限于译音之用。1986 年，台湾地区行政机构对“国语罗马字拼音法式”进行修订，形成“注音符号第二式”。

根据世界华语文教育学会的总结（2012：92-94），“国语罗马字拼音法式”有以下四个特点：首先，兼顾各地官话的语音；其次，只用 26 个拉丁字母；再次，兼顾汉语及欧洲语言习惯；最后，以字母变化标示声调。但是其推行始终成效不大，没有在社会上普及，影响远不如国语注音符号。

c. 北方话拉丁化新文字

“国语罗马字拼音法式”制定后不久，中国又出现了一个推行“拉丁化新文字”的运动。首先倡议和设计拉丁化新文字的是共产党员瞿秋白。1929 年他起草了《中国拉丁字母方案》，在这个草案的基础上，苏联学者和中国学者吴玉章、林伯渠、萧三等一起参加讨论和修改，制定了中国拉丁化新文字方案。1931 年在苏联海参崴召开的“中国新文字第一次代表大会”上经过与会代表详细讨论后，通过了书面方案《中国汉字拉丁化的原则和规则》。内容包括两部分：一是中国拉丁化新文字的原则；二是中国拉丁化新文字的规则。前一部分共十三条，其中提出反对“统一国语运动”，不赞成“以某一个地方的口音作为全国标准音”，主张“拼写地方的口音”，但“同意把北方话作为今天中国方言中的区标语”，“负担起未来民族统一语的一部分任务”。后一部分包括：①字母；②拼音规则；③写法的规则。拉丁化新文字完全不标声调，异调同音字在书写形式上不做区别；不给舌尖前元音和舌尖后元音设计字母，z\c\s 和 zh\ch\sh\r 可以独立自成音节。这些是拉丁化新文字主要的技术特点。（王理嘉，2003：44-45）

1933—1937 年，用拉丁化新文字拟定的方言拉丁化方案有上海、广州、福州、厦门、宁波、客家等十三种，在上海、北平、重庆、汉口、广州等地，共出版过有关拉丁化新文字的书籍六十多种，期刊三十多种。但传播最广，影响最大的只有一种，那就是北方话拉丁化新文字，其原因主要是北方话是通行区域最广的语言。1937 年以后，拉丁化新文字从大城市向农村、工厂和部队中进一步传播。以延安为中心的共产党解放区，学习新文字成为扫盲识字的重要工具，许多农民夜校乃至一些师范学校的课程都用新文字教授。

“国语罗马字拼音法式”和“北方话拉丁化新文字”是国民党政府和共产党分别对汉字拉丁化进行的一些探索，虽然最后都只在部分地区或领域流行，没有大面积的推广，但是为中华人民共和国成立后，创制《汉语拼音方案》奠定了基础。

（4）中国传统汉语标音方式的特点

中国传统汉语标音方式主要经历了汉字标音、汉字式字母标音、罗马字母标音三种阶段。汉字标音是古代没有音素标记法的情况下，汉语特有的标音方式，早期以汉字直音法表记，汉代开始使用反切法，一直使用到了清代末年。但是这种用汉字给汉字注音的方法，对汉字的注音不够准确。由于汉字的读音会发生演变，不同朝代的反切用字就会产生不同，让学习者产生很多困难。

汉字式字母标音就是“注音符号”，是晚清以来中国人使用音素式标音符号的尝试。这种标音符号系统比汉字反切标音更加准确，且符合当时知识分子强调标音符号要走民族化道路的方向，但是由于其使用与国外使用的罗马字符号有差异，所以从 1958 年后，在中国大陆地区停止使用，目前只在台湾地区使用。

罗马字标音最早是由西方传教士使用的汉字语音标记法，后来变成了中国政府的行为，国民政府探索建立了“国语罗马字拼音法式”，共产党也探索创立了“北方话拉丁化新文字”，这两套方案都使用的罗马字母，为中华人民共和国成立以后《汉语拼音方案》的创立，打下了基础。

5.1.2　中华人民共和国的罗马字表记政策（1949—2020 年）[①]

中华人民共和国成立初期，政府把扫除文盲作为重要工作。1951 年，毛泽东提出："文字必须改革，要走世界文字共同的拼音方向。"这一指示的发布，加速了拼音文字方案的制定。审视已有的各种方案，注音符号没有用罗马字母，而国语罗马字用了罗马字母，但字母标调规则苛细，难于推广；拉丁化新文字只拼方言、不拼国语，不标声调虽然简易，但是拼音不够严密，因此也不适合作为全国通用的拼音方案。于是中央政府决定集中力量研制新的汉语拼音方案。

（1）汉语拼音方案的制定及内容

1949 年 10 月，中国文字改革协会在北京成立，开始制订拼音方案的研究。1952 年，中国文字改革研究委员会成立，继续研究制订拼音方案。1952 年到 1954 年底，主要进行了民族形式——即汉字笔画式的拼音方案的研究和拟定。后来研究出了六种拼音方案，其中四种是汉字笔画式方案，一种是斯拉夫字母式方案，一种是拉丁字母式方案。拉丁字母式方案称为《汉语拼音文字（拉丁字母式）草案初稿》。这是《汉语拼音方案》的最初基础，它的主要特点是：①完全用现成的拉丁字母。采用拉丁字母的通用顺序，规定汉语的字母名称。②采用 4 组双字母，就是 zh、ch、sh、ng。③基本做到"一音一母"（一个音素用一个字母代表），但是并非完全"一母一音"（一个字母只读一种音），仍有少数字母依一定的规律读两种音，以减少字母总数。④齐齿韵（i 或 i 开头）和合口韵（u 或 u 开头）各韵母作为独立音节的时候用 j、w 开头。撮口韵（y 或 y 开头）作为独立音节时候写法不变。⑤以ɑ、o、e、y 开头的音节连接在其他音节后面的时候，如有混淆，用隔音符号（'）隔开。⑥采用注音字母的调号作为调号。

面对现有的六套拼音方案，中共中央决定拼音字母采用拉丁字母。

① 对于《汉语拼音方案》的制定过程、方案内容、应用情况，主要参考了苏培成（2010）、王理嘉（2003）、엄익상（2016）、홍인표（1994）等学者的观点。

1956年2月"文改会"以《汉语拼音文字（拉丁字母式）草案初稿》为基础，修订成为《汉语拼音方案（草案）》，并在《人民日报》上发表，同时还发表了《关于拟定〈汉语拼音方案（草案）〉的几点说明》。说明解释了制定拼音方案的三个基本原则：①语音标准。为了统一汉语的语音，汉语拼音方案拼写的是以北京语音为标准音的普通话。在字典、教科书上和其他读物上注的拼音字母，都用这种语音作标准。这个方案只要稍加补充和变通，也可以拼写汉语的各种方言和各少数民族的语言。②音节结构。采用音素化的音节结构。有几个音素就写几个字母，一个字母代表一个音素，一般不采用两个或三个音素合并起来表示一个字母的办法。这样不但合乎科学原理，而且减少字母的数目，在拼法上也便于变化。③字母形式。采用国际通用的拉丁字母，加以必要的补充。

1956—1958年，《汉语拼音方案（草案）》经过广泛征求意见，反复修改，最终于1958年2月形成定稿《汉语拼音方案》，被全国人民代表大会批准，公布执行，其内容如表5-2所示。

表5-2 《汉语拼音方案》①

（1958年2月11日第一届全国人民代表大会第五次会议通过）

一 字母表

字母	Aa	Bb	Cc	Dd	Ee	Ff	Gg
名称	ㄚ	ㄅㄝ	ㄘㄝ	ㄉㄝ	ㄜ	ㄝㄈ	ㄍㄝ
	Hh	Ii	Jj	Kk	Ll	Mm	Nn
	ㄏㄚ	ㄧ	ㄐㄧㄝ	ㄎㄝ	ㄝㄌ	ㄝㄇ	ㄋㄝ
	Oo	Pp	Qq	Rr	Ss	Tt	
	ㄛ	ㄆㄝ	ㄑㄧㄡ	ㄚㄦ	ㄝㄙ	ㄊㄝ	
	Uu	Vv	Ww	Xx	Yy	Zz	
	ㄨ	ㄪㄝ	ㄨㄚ	ㄒㄧ	ㄧㄚ	ㄗㄝ	

① 根据教育部语言文字信息管理司编《语言文字规范标准》（2017年）摘录。

续表

V只用来拼写外来语、少数民族语言和方言。

字母的手写体依照拉丁字母的一般书写习惯。

二　声母表

b	p	m	f	d	t	n	l
ㄅ玻	ㄆ坡	ㄇ摸	ㄈ佛	ㄉ得	ㄊ特	ㄋ讷	ㄌ勒
g	k	h		j	q	x	
ㄍ哥	ㄎ科	ㄏ喝		ㄐ基	ㄑ欺	ㄒ希	
zh	ch	sh	r	z	c	s	
ㄓ知	ㄔ蚩	ㄕ诗	ㄖ日	ㄗ资	ㄘ雌	ㄙ思	

在给汉字注音的时候，为了使拼式简短，zh\ch\sh可以省作 ẑ\ĉ\ŝ。

三　韵母表

	i ㄧ衣	u ㄨ乌	ü ㄩ迂
a ㄚ啊	ia ㄧㄚ呀	ua ㄨㄚ蛙	
o ㄛ喔		uo ㄨㄛ窝	
e ㄜ鹅	ie ㄧㄝ耶		üe ㄩㄝ约
ai ㄞ哀		uai ㄨㄞ歪	
ei ㄟ欸		uei ㄨㄟ威	
ao ㄠ熬	iao ㄧㄠ腰		
ou ㄡ欧	iou ㄧㄡ忧		
an ㄢ安	ian ㄧㄢ烟	uan ㄨㄢ弯	üan ㄩㄢ冤
en ㄣ恩	in ㄧㄣ因	uen ㄨㄣ温	ün ㄩㄣ晕
ang ㄤ昂	iang ㄧㄤ央	uang ㄨㄤ汪	
eng ㄥ亨的韵母	ing ㄧㄥ英	ueng ㄨㄥ翁	
ong (ㄨㄥ)轰的韵母	iong ㄩㄥ雍		

续表

（1）“知、蚩、诗、日、资、雌、思”七个音节的韵母用 i，即知、蚩、诗、日、资、雌、思等字拼作 zhi，chi，shi，ri，zi，ci，si。

（2）韵母儿写成 er，用作韵尾的时候写成 r。例如：“儿童”拼作 ertong，“花儿”拼作 huar。

（3）韵母ㄝ单用的时候写成ê。

（4）i 行的韵母，前面没有声母的时候，写成 yi（衣），ya（呀），ye（耶），yao（腰），you（忧），yan（烟），yin（因），yang（央），ying（英），yong（雍）。

u 行的韵母，前面没有声母的时候，写成 wu（乌），wa（蛙），wo（窝），wai（歪），wei（威），wan（弯），wen（温），wang（汪），weng（翁）。

ü行的韵母跟声母 j、q、x 拼的时候，写成 ju（居），qu（区），xu（虚），ü上两点也省略；但是跟声母 l、n 拼的时候，仍然写成 lü（吕），nü（女）。

（5）iou，uei，uen 前面加声母的时候，写成 iu、ui、un，例如，niu（牛）、gui（归）、lun（论）。

（6）在给汉字注音的时候，为了使拼式简短，ng 可以省作 ŋ。

四　声调符号

阴平	阳平	上声	去声
ˉ	ˊ	ˇ	ˋ

声调符号标在音节的主要母音上。轻声不标。例如：

妈 mā	麻 má	马 mǎ	骂 mà	吗 ma
（阴平）	（阳平）	（上声）	（去声）	（轻声）

五　隔音符号

a，o，e开头的音节连接在其他音节后面的时候，如果音节的界限发生混淆，用隔音符号（'）隔开，例如pi'ao（皮袄）。

（2）汉语拼音方案的应用

《汉语拼音方案》自 1958 年全国人大通过公布以来，进入了推行阶段。主要在十二个方面进行了应用。a. 给汉字注音。b. 用于注音识字。c. 推广普通话。d. 帮助少数民族创造和改革文字。e. 帮助外国人学习汉语。f. 设计汉语手语字母。g. 改进盲字。h. 用于电报拼音化。i. 用于视觉通信。j. 用作代号和缩写。k. 用于序列索引。l. 用于少数民族语地名的音译转写。（苏培成，2010：328-343）

1975 年，在联合国第三届地名标准化会议上，通过决议，建议采用汉语拼音作为中国地名罗马字母拼法的国际标准。联合国秘书处也发出《关于采用“汉语拼音”的通知》（1979-06-15），决定从 1979 年 6 月 15 日起，联合国秘书处采用“汉语拼音”的新拼法作为在各种拉丁字母文字中，转写中华人民共和国人名和地名的标准。1979 年，中国参加国际标准化组织（ISO）文献工作技术委员会（TC46）的第 18 届大会。这次会议讨论并同意拟定采用《汉语拼音方案》的“国际标准草案”。1981 年 8 月 1 日，国际标准化组织发出 ISO7098—1982《文献工作——中文罗马字母拼写法》，确定汉语拼音成为罗马字母拼写汉语的国际标准。（苏培成，2010：402）2000 年 10 月，美国议会图书馆正式以汉语拼音作为汉字出版物目录排列的标准。（엄익상，2016：357）

另外，中国还制定了《中国人名汉语拼音字母拼写法》《中国地名汉语拼音字母拼写法》《中文书刊名称汉语拼音拼写法》《中国各民族名称的罗马字母拼写法和代码》等一系列方案，扩大了《汉语拼音方案》的应用范围。随着中国进入信息网络时代，汉语拼音还进一步扩大了使用范围，主要用于以下几个领域：a. 用于计算机的汉字输入。b. 用于手机发送短信。c. 用于数据库的排序和检索。d. 用于各种语言文献的统一排序。e. 用于自动注音和分词连写。（苏培成，2010：580-582）

特别是 1988 年，国家教委和国家语委对《汉语拼音正词法基本规则》的公布，完善了《汉语拼音方案》对汉字拼写和分写注音的相关规定。《汉语拼音正词法基本规则》包括：总原则、名词、动词、形容词、代词、数词和量词、虚词、成语、大写、移行、标调，共 11 个部分，详细规定了用《汉语拼音方案》拼写现代汉语的规则。但是，这个方案并不像《汉语拼音方案》那样为社会各界所广泛了解，到现在还有许多人不知道有这个规则。

（3）中国现代罗马字表记政策的特点

中国现代罗马字表记政策，主要是《汉语拼音方案》的研制。《汉语拼音方案》是在民国时期的《国语罗马字拼音法式》和《北方话拉丁化新文字》两套方案的基础上产生的。最开始是为了废除汉字，作为新文字而创制的。后来主要作为推广普通话的工具，用于标记汉字读音。

《汉语拼音方案》由中国的最高权力机构，全国人民代表大会公布实施。通过《国家通用语言文字法》的保障，在学校推行。同时，通过各种国际认证，得以在全世界推广。

随着普通话的逐渐普及，目前在中国国内《汉语拼音方案》已经完全代替了其他的罗马字表记方案，成为唯一的罗马字表记方案。同时也成为国际社会中，认可度最高的中文罗马字表记法。

第二节　韩国的语音标记政策

古代朝鲜半岛借用汉字，因此古代朝鲜语的表音问题，一直是较难的问题。在《训民正音》创制以前，朝鲜半岛的居民一直使用汉字表音，为此还专门发明了“吏读”。到了《训民正音》创制以后，朝鲜语才有了恰当的标音方式，在近代开化期以前，《训民正音》都是作为给汉字注音的“谚文”而存在。进入开化期以后，才正式成为国文。随着西方人的到来，也带来了用罗马字母标记朝鲜语的方法。

5.2.1　大韩民国成立以前的朝鲜语标音（1948 年前）

在大韩民国成立以前，给朝鲜语注音经历了汉字注音、汉字式字母注音、罗马字表记法三个阶段。其中世宗创制《训民正音》以前，主要使用汉字注音方式。《训民正音》创制以后，朝鲜语走上了用音素注音的方式，而且朝鲜文逐渐代替汉字，成为正式的文字。随着国际社会交往的增多，韩语罗马字表记法也逐渐受到重视。

（1）汉字注音①

汉字自从借入朝鲜半岛以后，产生了“吏读”表记法。“吏读”就是借汉字的读音来表示朝鲜民族语言中对等的音，或者借用汉字的表意功能，创制出用汉字的读音来读朝鲜语单词的方法。（李得春，2003a：231）“吏读”的方法，很多韩国学者认为是薛聪发明的，但是从薛聪以前就出现了乡歌、金石文等的情况来看，“吏读”应该不是薛聪创制的，他应该是“吏读”的集大成者。在朝鲜王朝世宗创制《训民正音》以前，“吏读”一直是下层官吏和老百姓标记朝鲜语的主要方法。李得春提出“吏读”的标记方法，主要包括以下几种形式：（2003a：233-235）

a. 音读法

借用汉字来标记相应读音的朝鲜半岛语言的单词。也就是用汉字字音来标记韩语单词的读音。这叫作音读法。

如：“弗矩内”表示“赫居世”的读音（《三国遗事》）；

“徐伐”表示“京城”（서벌）的读音（《三国遗事》）；

“居柒夫”表示“荒宗”的读音（《三国史记》）。

b. 意读法

借用汉字来标记具有相应意义的朝鲜半岛语言的单词。也就是为了标记朝鲜半岛语言单词的声音，不用汉字的读音，而是按字义来读汉字。这叫作意读法，或称训借法。

如：“大山”，读为“翰山”（한뫼）（《三国史记》）；

“水铁”，读为：무쇠（《经国大典》）；

“板麻”，指苦参的意思，读为：너삼。（《乡药救急方》）。

c. 半音读

借用相应汉字的部分音（音节中的辅音或元音）来标记朝鲜半岛语言，这叫半音读。

① 对于韩国古代“吏读”的相关介绍，主要参考了李得春（2003a）的观点。其中《三国史记》《三国遗事》《经国大典》《乡药救急方》《东国岁时记》中的词语例子，均转引自李得春的专著。

如：（括号里的表示其读法）

尼师今（齿叱今，닛금）（《三国遗事》）；

道罗次，指吉梗（도랏）（《乡药救急方》）。

上面各例，分别从加横线的字中抽了一个音，“师”（사）中抽了一个“ㅅ”；“次”（차）中抽了一个“ㅊ〉ㅅ”。

d. 合成法

在用汉字标记某一个朝鲜语单词时，除了一律用音读法或意读法外，还会遇到需要两种方法相配合来恰当地表现同一单词的不同音节的情况。有的音节采用音读，有的音节采用意读，这种方法叫作合成法，或称半音半义法。

如：角干（뿔한）（《三国史记》）；

屈火，指曲城（굴블）（《三国史记》）。

上例音读和意读的汉字如下：音读：干、屈；意读：角、火。

e. 同音异义法

同汉字的原音或直接意思无关，通过与训借有同音异义关系的字来标记单词的方法。

如：三角山—牛耳洞（세귀）（地名）；

车—戍衣（당오，술의）（《东国岁时记》）；

角干—酒多（뿔한）（《三国史记》）；

丝浦—谷浦（실개）（《三国遗事》）。

（2）汉字式字母标音[①]

由于汉字与朝鲜语口语的差异，用汉字来表示朝鲜语语音，始终存在较大困难。因此朝鲜朝第四代王——世宗大王，于世宗二十五年（1443年）12月，在崔恒、郑麟趾、朴彭年、申叔舟、成三问、姜希颜、李善老等学士的帮助下，创制成功《训民正音》，并立即投入使用。《训民正音》的解说本，也于世宗二十八年（1446年）9月编纂完毕。该书最

① 对《训民正音》的创制过程和创制原理，主要参考郑麟趾《训民正音解例》、李覲洙（1987）、周四川（1986）等学者的观点。

开始是世宗所做的例义篇（原文），然后是解释原文的制字解、初声解、中声解、终声解、合字解、用字例等，最后是郑麟趾的跋文。由于世宗大王本身就是一个音韵学家，且从他的例义篇来看：“国之语音、异乎中国，与文字不相流通，故愚民有所欲言而终不得伸其情者多矣，予为此悯然，新制二十八字，欲使人人易习，便于日用耳。”《训民正音》创制的初衷是为了给不懂汉字的平民百姓创造的一种新的文字。《训民正音解例》中，郑麟趾在序中提到，《训民正音》的字母“象形而字仿古篆”。说明朝鲜文字母的设计像很多朝鲜半岛学者解释的一样，模仿了发音器官的形状（“象形”），同时也受到了汉字形状的影响（“字仿古篆”）。而且在朝鲜文音节组合成单词时，书写出来确实和汉字的字体相似。因此我们可以把“训民正音”看作一种汉字式的字母。

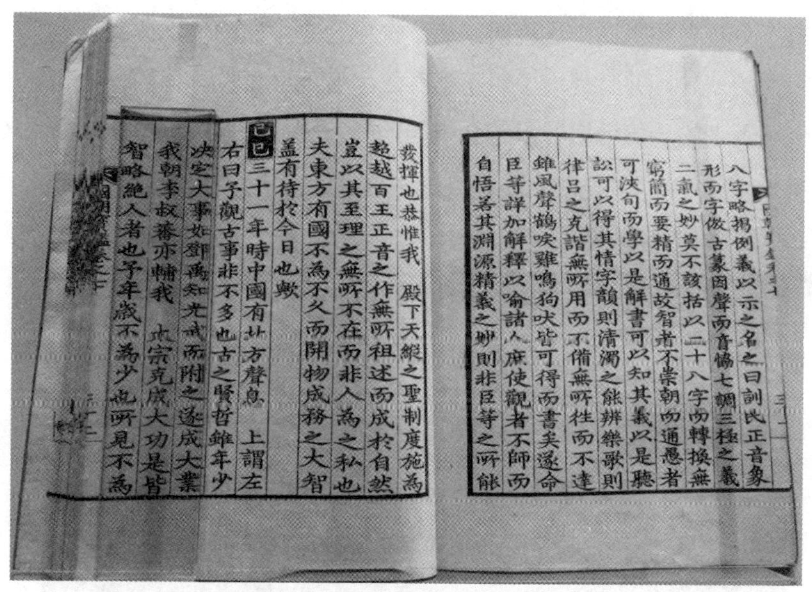
八字略揭例義以示之名之曰訓民正音象
形而字倣古篆因聲而音協七調三極之義
二氣之妙莫不該括以二十八字而轉換無
窮簡而要精而通故智者不崇朝而通愚者
可浹旬而學以是解書可以知其義以是聽
訟可以得其情字韻則清濁之能辨樂歌則
律呂之克諧無所用而不備無所往而不達
雖風聲鶴唳雞鳴狗吠皆可得而書矣遂命
臣等詳加解釋以喻諸人庶使觀者不師而
自悟若其淵源精義之妙則非臣等之所能

發揮也恭惟我　殿下天縱之聖制度施為
超越百王正音之作無所祖述而成於自然
豈以其至理之無所不在而非人為之私也
夫東方有國不為不久而開物成務之大智
蓋有待於今日也歟
己巳三十一年時中國有北方聲息　上謂左
右曰予觀古事非不多也古之賢哲雖年少
決定大事如鄧禹知光武而附之遂成大業
我朝李叔蕃亦輔我　太宗克成大功是皆
智略絕人者也予年歲不為少也所見不為

图 5–1　韩国文献《国朝宝鉴》中关于《训民正音》的记录

另外，从其名字“正音”二字，可以看出朝鲜文除了有文字的功能以外，还有标记汉字读音的功能。跟中国古代的各种韵书起的作用一样，是为了规范语言的读音——“正音”而用。而且从朝鲜半岛古代文献来看，朝鲜朝的史书一直把《训民正音》里创制的标音符号，称为“谚文”，与汉文（真书）相对，也表现了《训民正音》确实具有“正音”的作用。从朝鲜朝对《训民正音》的使用来看，在创制的初期和中期《训民正音》也确实是用在“正音”之上，这主要体现在《东国正韵》的编纂上面。

《东国正韵》是《训民正音》创制后朝鲜半岛编制的第一本朝鲜汉字音韵书，由参与研制《训民正音》的申叔舟、成三问、崔恒、朴彭年、姜希颜、李善老等人运用《训民正音》的相关符号，于世宗二十九年（1447年）编纂完成，申叔舟做了序文。关于《东国正韵》的编纂动机，序文中有这样的叙述：“吾东方表里山河，自为一区，风气已殊于中国，呼吸岂与华音相合欤？然则语音之所以与中国异者，理之然也。至于文字之音，则宜若与华音相合矣……世之为儒师者往往知其有失，私自改之，以教子弟，然重于擅改因循旧习者多矣，若不一大正之，则愈久愈甚，将有不可救之弊也。”这说明，朝鲜汉字音与中国的汉字读音已经产生了很大的差异，并且提出了纠正朝鲜汉字音的必要性。他们认为朝鲜半岛传承下来的传统通用音不符合中国韵书，因此开始根据中国韵书来校正编纂《东国正韵》。

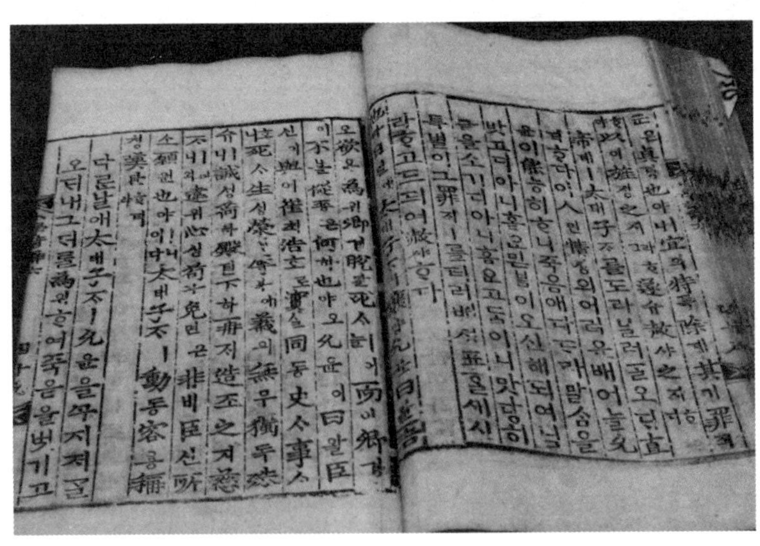

图 5-2　启蒙读物《小学》中用谚文注音

所以，《训民正音》最初的功能，既是一种新的文字，也是给朝鲜半岛汉字标音的字母。随着后来朝鲜文的使用增多，给汉字注音的功能逐渐减弱，朝鲜文作为文字的功能逐渐增强。到开化期时，朝鲜政府正式宣布《训民正音》为国文。朝鲜半岛光复以后，朝鲜文逐渐全面取代汉字，成为目前朝鲜半岛通用的文字。

（3）罗马字表记法[①]

朝鲜语的罗马字表记法，最早由朝鲜王朝时期的西方人创制。到日本殖民时期时，由朝鲜半岛的爱国语言学学者组成的“朝鲜语学会”，研究出了“朝鲜语音罗马字表记法”。“朝鲜语学会”的朝鲜语罗马字表记法方案和西方人创制的方案，为日后大韩民国的韩语罗马字表记方案制定，打下了基础。

a. 西方人的前期探索

德国人西博尔德（Siebold, Philipp Franz Von）在1832—1852年，撰写出版了著名的日本学著作《日本》（Nippon: Archivzur Beschreibung von Japan），中有五章是关于朝鲜王国的政治、历史、文化及朝鲜的语言的。当然也使用了大量的朝鲜语词汇，如：siem = syeom 现代韩语的 seom（岛）；patang = badang（济州岛和庆尚南道等地“大海” bada 的方言）；niêlom = nyeoreum（当时朝鲜语的“夏天”yeo reum 之意）；可以说，西博尔德是使用罗马字系统标注朝鲜语的第一人。

1874年，法国传教士达莱（Claude Charles Dallet）出版了《朝鲜教会史》，其内容涉及朝鲜的政治制度、历史、地理、文化习俗、教育体制、语言等各方面。在该书的第七章“朝鲜语”中，达莱详尽地论述了朝鲜语的发展历史，文字、书写方式、朝鲜语字母的发音规则及语法特点，并在其插图中详细地例注了朝鲜语字母与罗马字母对应表记和注音规则。这是一套较为科学完整的朝鲜语罗马字表记系统，不过也明显存在着一些缺陷，如没有解决朝鲜语各音节连读时的具体变音问题，即只

① 对大韩民国成立以前的罗马字表记法的概述，主要参考陈辉（2002）、정희원（1997）等学者的观点。

重书写而不标实际发音，也没具体说明怎么表记双韵尾等。

其后出现了很多研究朝鲜语的论文及朝鲜文与西方语言对译的朝鲜语教科书、词典，如：Annie L. Baird《朝鲜语五十讲》（*Fifty Helps*）（1896年）；J. S. Gale《朝英大辞典》（*Korean English Dictionary*）（1897年）；Charles Alévüque《法朝辞典》（1901年）；George Heber Jones《英朝辞典》（*An English-Korean dictionary*）（1914年）。这些论文、辞典与教科书的出版，特别是美国人贝尔德（Annie L. A. Baird）与赫伯特（H. B. Hulbert）之间关于朝鲜文罗马字表记方案的论争，不仅引起了西方韩国学家对朝鲜文罗马字表记的重视，甚至也带动了朝鲜本国语言学者对朝鲜文缀字法改革、朝鲜文罗马字表记法方案、西文外来语朝鲜文表记等问题的研究。

b. 麦丘恩-赖绍华朝鲜语罗马字表记体系

美国加州大学研究生麦丘恩（George McAfee McCune）和哈佛大学的赖绍华（Edwin Oldfather Reischauer），在三位朝鲜半岛语音学家崔铉培（1894—1970）、郑寅燮（1905—1983）和金善琪（1907—1992）的帮助下，研究制定了“麦丘恩-赖绍华朝鲜语罗马字表记体系”。该体系于 1939 年在《皇家亚洲社会朝鲜学学报》（*Transactions of the Korea Branch of the Royal Asiatic Society*）上以“基于朝鲜语语音结构的韩文罗马字拼写法”（The Romanization of the Korean Language, based upon its phonetic structure）为题正式发表。

这套体系使用意大利字母表记朝鲜文的元音，使用英文字母表记辅音。其辅音表详细地列出了所有朝鲜语音素。另外，此套体系还采用了转音法，即表记朝鲜语实际发音特别是变音后的发音，而非按谚文字母逐一表记。所以，它是一套比较科学的标注系统。但是用意大利字母表记元音，也给文字输入等实际使用带来很大不便。

c. 耶鲁体系

耶鲁大学语言学教授马丁（Samuel E. Martin）于 1954 年出版了关于韩语的专著《韩语形态音素论》，在此书中，马丁教授首次使用了一套新的韩语罗马字注音体系，并在他的《韩英辞典》（1962 年）和《韩语参考语法》（*A Reference Grammar of Korean：A Complete Guide to the Grammar and History of the Korean Language*）（1993 年）中详尽地介绍了这套体系——世称“耶鲁体系”。

这套体系与“麦丘恩-赖绍华体系”的最大区别就在于全部用英文字母标注韩文的元音与辅音，这样就为使用英语的人表记韩文提供了便利，所以特别受英美两国有关学者的欢迎。不过，由于这套体系的英文字母具体的发音指代与英语并不相同，它只是设定了某一个字母代表某一个韩文字母，所以没有一定韩语知识的人也是很难掌握这套体系的。也许正因为这个原因，“耶鲁体系”较多地被使用于研究韩国语言的英语论文和专著中。

d.“朝鲜语学会”的“朝鲜语音罗马字表记法”

以周时经等为代表的一些朝鲜爱国学者于 1921 年 12 月 3 日创立“朝鲜语文研究会”，1931 年 1 月 10 日在第 11 届全体大会上将之更名为“朝鲜语学会”，以抵抗日本帝国主义的弹压政策。此次会议由 45 名各界权威召开“外来语表记法及附带问题协议会”，选出郑寅燮、李熙升等 3 名责任委员组织编撰“国语音万国音声记号表记法”。在广泛征求国内外同行学者的基础上，于 1938 年完稿试用，1940 年正式发表《朝鲜语音罗马字表记法》。该套“朝鲜语音罗马字表记法”也使用了意大利字母作为母音符号。

（4）朝鲜半岛传统语音标记方式的特点

朝鲜半岛传统语音标记方式经历了汉字注音、汉字式字母标音、罗马字表记法三个阶段。

汉字很早就传入了朝鲜半岛，所以朝鲜半岛很早就开始用汉字来标记朝鲜语，并且形成了独特的朝鲜汉字音。而且由于下层官吏的汉语水平不够高，所以下层官吏们发明了用汉字书写，根据朝鲜语语序和语音特点排列的“吏读”文，“乡札”“口诀”等都属于“吏读”的范畴。

朝鲜半岛的汉字式字母标音就是《训民正音》，这套字母最早在世宗大王创制时就同时具有文字功能和注音功能。其注音功能就是为了给朝鲜汉字音“正音”。经过几百年的发展，朝鲜文的文字功能得到了空前的强化，注音功能逐渐弱化。目前朝鲜文已经完全代替了汉字，成为朝鲜半岛正式的文字。

朝鲜语罗马字表记法由西方人最早发明，后来得到了朝鲜语学会的确认和改进，形成了今天韩语罗马字表记法的基础。

5.2.2 大韩民国的韩语罗马字表记法（1948—2020 年）

大韩民国的韩语罗马字表记法，是在总结了“朝鲜语学会”和西方人方案的基础上发展起来的，不过在实践中，做过多次调整，目前在韩国国内基本上统一了，但是还没有成为国际标准。

（1）韩语罗马字表记法的制定[①]

정희원（1997）指出，1948 年韩国政府以文教部学术研究委员会为中心，组织专家研究，正式颁布了“外来语书写法”的附则——《用罗马字书写韩文的方法》，这是韩国中央政府公布的第一套《罗马字表记法》，但其内容实与“麦丘恩-赖绍华韩语罗马字表记体系”大同小异，所以没有引起韩国国民的重视。

1959 年韩国文教部废除了 1948 年的《用罗马字书写韩文的方法》，制定颁布了《韩文字母罗马字表记法》。这套表记法是按照韩语本身的书写、发音特点制定出来的，全部使用英文字母，忽略具体变音,逐一对应每个韩文字母进行标注，即所谓的“转字法”。尽管韩国政府有关部门采取了各种措施加以推广，但是它实际上长期不被人们重视和使用。

韩国文教部鉴于 1959 年的方案有很多不足，及不为人重视的事实，自 1978 年起以国语审议会为中心，组织专家和学者对已经颁布使用了 24 年的《韩文字母罗马字表记法》进行了大力度的修正改动，并于 1984 年 1 月将其改名为《国语的罗马字表记法》正式颁布实施。为引起国民的足够重视，1988 年再次发布告示，公布了具体细则。这套《国语的罗马字表记法》更多地吸收了“麦丘恩-赖绍华体系”中的标注方法，与 1959 年的《韩文字母罗马字表记法》的最大不同在于它采用了“表音主

---

① 大韩民国罗马字表记法的制定和修订，主要参考정희원（1997）的观点。

义”原则（转音法），而放弃了原来的逐一对韩文进行罗马字标注的“表书写主义”（转字法），对人们正确掌握韩语的复杂变音具有很大帮助。只可惜重新使用意大利字母标注元音，使得字母输入等产生了困难，同样地像 1959 年的《韩文字母罗马字表记法》也一样受到了冷遇。

1999 年，韩国文化观光部下属的国立国语研究院对 1984 年的《国语的罗马字表记法》进行修正，并于 2000 年 7 月，正式颁布了新的《国语的罗马字表记法》。这套方案不再使用意大利字母标注元音，且保留了 1984 年方案的“转音法”原则，达到了简单、易学、易用的目的。2014 年 12 月再次做了部分修正，该方案是目前韩国国内通行的方案，但是尚未成为国际标准。

（2）韩国现行《国语的罗马字表记法》内容（见表 5-3）

表 5-3　국어의 로마자 표기법

분체부 고시 제 2014–42 호.（2014.12.5）

제 1 장 표기의 기본원칙

제 1 항 국어의 로마자 표기는 국어의 표준 발음법에 따라 적는 것을 원칙으로 한다.

제 2 항 로마자 이외의 부호는 되도록 사용하지 않는다.

제 2 장 표기일람

제 1 항 모음은 다음 각호와 같이 적는다.

1. 단모음

ㅏ	ㅓ	ㅗ	ㅜ	ㅡ	ㅣ	ㅐ	ㅔ	ㅚ	ㅟ
a	eo	o	u	eu	i	ae	e	oe	wi

2. 이중모음

ㅑ	ㅕ	ㅛ	ㅠ	ㅒ	ㅖ	ㅘ	ㅙ	ㅝ	ㅞ	ㅢ
ya	yeo	yo	yu	yae	ye	wa	wae	wo	we	ui

续表

[붙임 1] ‘ㅢ’는‘ㅣ’로 소리 나더라도 ui 로 적는다.

광희문 Gwanghuimun

[붙임 2] 장모음의 표기는 따로 하지 않는다.

제 2 항 자음은 다음 각호와 같이 적는다.

1. 파열음

ㄱ	ㄲ	ㅋ	ㄷ	ㄸ	ㅌ	ㅂ	ㅃ	ㅍ
g, k	kk	k	d, t	tt	t	b, p	pp	p

2. 파찰음

ㅈ	ㅉ	ㅊ
j	jj	ch

3. 마찰음

ㅅ	ㅆ	ㅎ
s	ss	h

4. 비음

ㄴ	ㅁ	ㅇ
n	m	ng

5. 유음

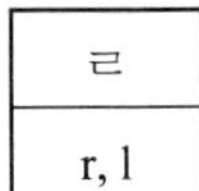

ㄹ
r, l

[붙임 1]‘ㄱ, ㄷ, ㅂ’은 모음 앞에서는‘g, d, b’로, 자음 앞이나 어말에서는‘k, t, p’로 적는다. ([ ] 안의 발음에 따라 표기함.)

구미 Gumi　　영동 Yeongdong　　백암 Baegam

옥천 Okcheon　　합덕 Hapdeok　　호법 Hobeop

월곶[월곧] Wolgot　　벚꽃[벋꼳] beotkkot　　한밭[한받] Hanbat

[붙임 2]‘ㄹ’은 모음 앞에서는‘r’로, 자음 앞이나 어말에서는 ‘l’로 적는다. 단, ‘ㄹㄹ’은‘ll’로 적는다.

续表

<table>
<tr><td>
구리 Guri　　　　설악 Seorak　　　　칠곡 Chilgok
임실 Imsil　　　　울릉 Ulleung
대관령[대괄령] Daegwallyeong
제 3 장 표기상의 유의점
제 1 항 음운 변화가 일어날 때에는 변화의 결과에 따라 다음 각호와 같이 적는다.
1. 자음 사이에서 동화 작용이 일어나는 경우
백마[뱅마] Baengma　　　　신문로[신문노] Sinmunno
종로[종노] Jongno　　　　왕십리[왕심니] Wangsimni
별내[별래] Byeollae　　　　신라[실라] Silla
2.‘ㄴ，ㄹ’이 덧나는 경우
학여울[항녀울] Hangnyeoul　　　　알약[알략] allyak
3. 구개음화가 되는 경우
해돋이[해도지] haedoji　　　　같이[가치] gachi
굳히다[구치다] guchida
4.‘ㄱ，ㄷ，ㅂ，ㅈ’이‘ㅎ’과 합하여 거센소리로 소리 나는 경우
좋고[조코] joko　　　　놓다[노타] nota
잡혀[자펴] japyeo　　　　낳지[나치] nachi
다만，체언에서‘ㄱ，ㄷ，ㅂ’뒤에‘ㅎ’이 따를 때에는‘ㅎ’을 밝혀 적는다.
묵호 Mukho　　　　집현전 Jiphyeonjeon
[붙임]된소리되기는 표기에 반영하지 않는다.
압구정 Apgujeong　　　　낙동강 Nakdonggang
죽변 Jukbyeon　　　　낙성대 Nakseongdae
합정 Hapjeong　　　　팔당 Paldang
샛별 saetbyeol　　　　울산 Ulsan
제 2 항 발음상 혼동의 우려가 있을 때에는 음절 사이에 붙임표 (-) 를 쓸 수 있다.
중앙 Jung-ang　　　　반구대 Ban-gudae
</td></tr>
</table>

续表

세운 Se-un　　해운대 Hae-undae

제 3 항 고유 명사는 첫 글자를 대문자로 적는다.

부산 Busan　　세종 Sejong

제 4 항 인명은 성과 이름의 순서로 띄어 쓴다. 이름은 붙여 쓰는 것을 원칙으로 하되 음절 사이에 붙임표 (-) 를 쓰는 것을 허용한다. (( ) 안의 표기를 허용함.)

민용하 Min Yongha（Min Yong-ha）

송나리 Song Nari（Song Na-ri）

（1）이름에서 일어나는 음운 변화는 표기에 반영하지 않는다.

한복남 Han Boknam（Han Bok-nam）

홍빛나 Hong Bitna（Hong Bit-na）

（2）성의 표기는 따로 정한다.

제 5 항 '도，시，군，구，읍，면，리，동'의 행정 구역단 위와 '가' 는 각각 'do，si，gun，gu，eup，myeon，ri，dong，ga'로적고，그앞에는붙임표 (-) 를 넣는다. 붙임표 (-) 앞뒤에서 일어나는 음운 변화는 표기에 반영하지 않는다.

충청북도 Chungcheongbuk-do　　제주도 Jeju-do

의정부시 Uijeongbu-si　　양주군 Yangju-gun

도봉구 Dobong-gu　　신창읍 Sinchang-eup

삼죽면 Samjuk-myeon　　인왕리 Inwang-ri

당산동 Dangsan-dong　　봉천 1 동 Bongcheon 1（il）-dong

종로 2 가 Jongno 2（i）-ga　　퇴계로 3 가 Toegyero 3（sam）-ga

[붙임] '시, 군, 읍'의 행정 구역 단위는 생략할 수 있다.

청주시 Cheongju　　함평군 Hampyeong

순창읍 Sunchang

제 6 항 자연 지물명, 문화재명, 인공 축조물명은 붙임표 (-)　없이 붙여 쓴다.

남산 Namsan　　속리산 Songnisan

续表

금강 Geumgang	독도 Dokdo
경복궁 Gyeongbokgung	무량수전 Muryangsujeon
연화교 Yeonhwagyo	극락전 Geungnakjeon
안압지 Anapji	남한산성 Namhansanseong
화랑대 Hwarangdae	불국사 Bulguksa
현충사 Hyeonchungsa	독립문 Dongnimmun
오죽헌 Ojukheon	촉석루 Chokseongnu
종묘 Jongmyo	다보탑 Dabotap

제 7 항 인명, 회사명, 단체명 등은 그동안 써 온 표기를 쓸 수 있다.

제 8 항 학술 연구 논문 등 특수 분야에서 한글 복원을 전제로 표기할 경우에는 한글 표기를 대상으로 적는다. 이 때 글자 대응은 제 2 장을 따르되'ㄱ, ㄷ, ㅂ, ㄹ'은'g, d, b, l'로만 적는다. 음가 없는'ㅇ'은 붙임표 (-) 로 표기하되 어두에서는 생략하는 것을 원칙으로 한다. 기타 분절의 필요가 있을 때에도 붙임표 (-) 를 쓴다.

집 jib	짚 jip
밖 bakk	값 gabs
붓꽃 buskkoch	먹는 meogneun
독립 doglib	문리 munli
물엿 mul-yeos	굳이 gud-i
좋다 johda	가곡 gagog
조랑말 jolangmal	없었습니다 eobs-eoss-seubnida

부　칙

〈제 2000-8 호, 2000. 7. 7.〉

① (시행일) 이 규정은 고시한 날부터 시행한다.

② (표지판 등에 대한 경과조치) 이 표기법 시행당시 종전의 표기법에 의

续表

하여 설치된 표지판（도로，광고물，문화재 등의 안내판）은 2005. 12. 31.까지 이 표기법을 따라야 한다. ③（출판물 등에 대한 경과조치）이 표기법 시행당시 종전의 표기법에 의하여 발간된 교과서 등 출판물은 2002. 2. 28.까지 이 표기법을 따라야 한다.

（3）韩国现代罗马字表记政策的特点

韩国现代罗马字表记政策，主要是《国语的罗马字表记法》的研制。《国语的罗马字表记法》是综合朝鲜语学会和西方人创制的罗马字表记方案的基础上产生的。目的是为了在使用罗马字的语言系统中，有效表记韩语。

《国语的罗马字表记法》由国立国语院颁布，但是缺少有效推行的保障，虽然已经在部分学校推行，但是在学校教育中并不受重视。同时，由于在国际上的推广力度有限，在国际社会的接受度不高。

目前《国语的罗马字表记法》主要使用于韩国国内地名的拼写。而在人名的拼写上，韩国罗马字表记法的使用比较少。而且西方国家，也大多数使用西方人创制的韩语罗马字表记法。综合来看目前《国语的罗马字表记法》的使用在韩国国内并不广泛，在全世界的普及度也不高。

第三节　中韩罗马字表记政策比较

5.3.1　对中韩古代语音标记符号的比较

中韩两国古代语音标记符号，都经历了汉字标音、汉字式标音字母、罗马字母表记的发展道路，但是两国的表音符号同中有异。

（1）汉字标音方式不同

中韩两国都曾经使用汉字标音，但是由于中韩两国语言的差异，两国使用汉字标音的方法有所不同。

中国最开始使用汉字标音是用的直音法和譬若法，即用同音字或近音字来标音。由于直音法和譬若法的局限性，在东汉末期，又发明了用两个汉字给一个汉字注音的“反切法”。这个方法取第一个字的声母，取第二个字的韵母和声调，给汉字注音，相对于直音法和譬若法更加科学，使用了近两千年。

韩国也曾使用汉字标音。韩国主要是使用汉语的同音字，来记录韩语。如用“乙”表示을。这样的记录方式，使得韩国出现了一种汉字的特殊用法“吏读”。“吏读”的出现，是由于韩国古代下层官吏汉语水平不够高，于是便使用汉字的读音，韩语的语法来记录口语。这种记录方式在高丽王朝时代已经出现，一直持续到了《训民正音》创制之前。

（2）汉字标音字母发展不同

中韩两国的汉字式标音字母发展方向也不一致。两者的形体都跟汉字有关，一个最终成为只能给汉字注音的工具，另一个则取代了汉字成为国家正式的文字。

中国的汉字式标音字母，最早是民国时期的注音符号。这套注音符号，字形来自汉字，创制原理是模仿日本的假名和韩国的韩文。由于不能像韩文一样组合成汉字的形式，而且没有制定相应的分词法，所以在推行过程中，始终不能代替汉字。目前在台湾地区还在使用，但是也只能作为认识汉字、学习汉语的辅助工具。

韩国的汉字式标音字母，就是朝鲜时代世宗大王创制的《训民正音》。在创制之初，就同时具有文字和标音字母的功能。而且韩文能够组合成汉字的形体，与汉字完美融合，所以在推行的过程中，阻碍不大。同时，朝鲜语学会制定的《朝鲜语缀字法统一案》，完全按照表音文字的要求，制定了一系列拼写规定。使其完全代替汉字，成为可能。随着韩国汉字使用的减少，目前韩文已全面代替了汉字，成为韩国的通用文字。

（3）罗马字表记法发展路径类似

中韩两国的罗马字表记法发展路径相似，都是先由西方传教士创制，然后再逐渐发展为由本国学界制定。

中国的罗马字表记法，最早是明代的传教士发明的方案，清代到民国，则出现了威妥玛拼音、耶鲁拼音等西方人的拼音方案。在西方人罗马字拼音方案的启发下，民国政府也组织中国学者研究制定了“国语罗马字拼音法式”，这套方案经过不断修改，目前在台湾地区仍然在使用。

韩国的罗马字表记法，最初是在朝鲜时代由西方人发明的，并且发展出了“麦丘恩-赖绍华韩语罗马字表记体系”，“耶鲁拼音”等多套方案。到日本殖民时期，韩国学者组成的朝鲜语学会也制定了一套韩语罗马字表记法。这套表记法，成为后来大韩民国制定罗马字表记法的基础。

5.3.2 对中韩现代罗马字表记法的比较

对中韩罗马字表记法的比较，主要就是对中华人民共和国的《汉语拼音方案》与大韩民国《国语的罗马字表记法》进行比较。根据本文对罗马字表记政策比较原则的确立，中韩两国罗马字表记法主要应从融合性、接近性、简便性、保障性、广泛性五个层面进行比较。

（1）融合性比较

融合性是指制定罗马字表记方案，要在字母的选择、拼写规则、书写习惯等方面，符合罗马字母文字的特点，能让使用欧美国家语言的人一看就懂。罗马字表记法使用得最多的领域就是人名、地名的表记。所以融合性在人名、地名的表记上，尤为重要。

中国 2011 年公布的《中国人名汉语拼音字母拼写规则》（GB/T 28039—2011）和 2019 年公布的《中国地理实体通名汉语拼音字母拼写规则》（GB/T 38207—2019）规定了中国人名、地名的罗马字表记方式。对于中国人名、地名中语音与英语等欧美国家语言差异较大部分的表记做了规定，以符合欧美国家语言习惯。比如：规定人名、地名在对外国使用时，可以不标记调号。同时“根据技术处理的特殊需要，必要的场合（如公民护照、对外文件和书刊等），大写字母 Ü 可以用 YU 代替”，这样就解决了使用罗马字母时 Ü 输入的问题。附加符号和特殊字母的变通处理，实现了《汉语拼音方案》的融合性。

韩国政府的《国语的罗马字表记法》，第 4 项到第 6 项对韩国人名、地名的表记做了详细的规定，字母的分写、首字母大写等规定都与英语等欧美国家语言一致。对于韩语与英语等欧美国家语言差异较大的部分，没有设计新的字母，而是在现有英文字母的基础上，尽量调整拼写规则，以符合欧美国家语言习惯。比如：韩文的单母音“ㅓ”，英语中没有发音对应或接近的单元音。《国语的罗马字表记法》就采用了 eo 两个字母来表记这个单元音。这样表记的结果，虽然使单元音读为了复元音，但是拼出的复元音读音与“ㅓ”读音接近，而且这样也让欧美国家的人更容易拼读出接近的读音，实现了《国语的罗马字表记法》的融合性。

（2）接近性比较

接近性是指制定罗马字表记方案在文字转换原则、音变标记规则等方面都要最大限度与本国语言口语语音接近。

中国的罗马字表记法，主要内容是《汉语拼音方案》。在制定《汉语拼音方案》的过程中，中国确定了“转音”（transcription）的原则，并制定了相应的转换规则。总体上与口语一致，但是存在部分口语与罗马字母描写不一致的地方。比如 o 韵母，按照规定可以与 b、p、m 直接想拼，但是实际口语读音，却存在有介音 u，即读音为 bo[puo]，po[p^huo]，mo[muo]的情况。这些例外现象，使得《汉语拼音方案》在音韵拼合规律上，存在与实际语音拉大差距的情况。

韩国政府的《国语的罗马字表记法》，主要涉及韩文字母与罗马字母的转换。韩国也是使用的“转音”（transcription）的原则，并制定了相应的转换规则。相应的规则完全覆盖了韩文的所有字音和母音系统，能够比较准确的描写韩语口语。但是在规则中，又出现了不考虑语音变化规则，直接将韩文转写为罗马字母的规定。如：의用罗马字母表示为 ui，而在의读ㅣ[i]的情况下，仍然用 ui 来表示。这样规定，前后矛盾，影响了接近性。

（3）简便性比较

简便性是指制定罗马字表记方案时，在字母的选择、拼写规则方面，要符合简便、好学、好用的要求，兼顾国外和国内使用者的使用习惯。

中国的《汉语拼音方案》在字母的设定上，只使用了英语的 26 个字母。还有一个字母代表多个音位的情况，比如 i 字母，就代表 3 个音位；e 字母，也代表 5 个音位。但是同一个字母读不同的读音，取决于出现条件的不同。如 i 一般是单用或者与 j/q/x 相拼的情况下，读为[i]，在与 z/c/s 相拼的情况下，读为[ɿ]，在与 zh/ch/sh/相拼的情况下，则读为[ʅ]，不同音位出现的条件，为互补关系，所以不会混乱，学习起来也很简便。但是由于汉语音系与英美国家音系的差异，《汉语拼音方案》中增加了很多英语没有的附加符号。比如：ü 就是在 u 上加两点。另外，为了标记声调和区分音节，《汉语拼音方案》还设计了声调符号和隔音符号，这些都影响了本方案的简便性。

韩国政府的《国语的罗马字表记法》在字母的设定上，虽然曾经使用过意大利语字母，但是最终还是使用的英文字母，没有多造字母。在方案中虽然存在一个韩语音位用两个字母表示的情况，但是两个字母出现的条件为互补关系，不会出现使用的混乱，如：ㄹ用了“r，l”两个字母来表示，但是它们出现的条件有严格的限制，ㄹ出现在单词开头和中间，就用 r 转写，出现在词尾，则用 l 转写。两种情况分隔严谨，不会使用混乱，这样在最大限度上减少了罗马字母的数量，做到了规则的简便性。

（4）保障性比较

中韩两国在罗马字表记法的推广上，出现了不同的差异。

中国推广《汉语拼音方案》，有《国家通用语言文字法》作为推广的法律依据。《国家通用语言文字法》规定：“国家通用语言文字以《汉语拼音方案》作为拼写和注音工具。《汉语拼音方案》是中国人名、地名和中文文献罗马字母拼写法的统一规范，并用于汉字不便或不能使用的领域。初等教育应当进行汉语拼音教学”。有了《国家通用语言文字法》的保障，小学和幼儿园阶段的国民义务教育中，都有“汉语拼音”

的教学环节，大学汉语言文学专业的“现代汉语”课，也有专门的汉语语音知识讲授，其依据也是《汉语拼音方案》，通过在幼儿园到大学阶段的拼音教学，保证了《汉语拼音方案》在国民中的推广。

韩国政府的《国语的罗马字表记法》，在推广上有一定的保障，但是重视程度不够。韩国没有具体的法律来保障《国语的罗马字表记法》的推广，学校教育的重视程度也不够。目前国立国语院网站有《国语的罗马字表记法》的具体内容，可以供需要使用的人参考，另外韩国的学校教育已经开始将《国语的罗马字表记法》列为学习内容，但是占的比重并不大（박은선，2020）。可以说《国语的罗马字表记法》在实施的保障性上，还需要加强。

（5）广泛性比较

中韩两国的罗马字表记法，普及率差异较大，且在国际上的认可度也不同。

中国的《汉语拼音方案》在中国国内和国际上的接受度都大，使用也非常广泛。目前中国计算机、手机的汉字输入法基本上都是汉语拼音输入法，汉语拼音在 50 岁以下的中国人中普及率较高。同时，《汉语拼音方案》已经成为中文罗马字表记法的国际标准，美国国会图书馆也已经按照汉语拼音方案排列中文类书籍。可见《汉语拼音方案》已经应用得非常广泛。

韩国政府的《国语的罗马字表记法》应用并不广泛，且国际上认可度较低。韩文由于本身就是表音文字，所以韩国国民对《国语的罗马字表记法》并不够重视，目前韩国人使用《国语的罗马字表记法》的地方，主要集中于办护照和信用卡时姓名的罗马字拼写，其他地方基本上不涉及罗马字表记。同时，在国际上韩国政府的《国语的罗马字表记法》使用度只有 30%，而麦丘恩-赖绍华韩语罗马字系统的使用度占了 64%。[①] 由此可见，韩国政府的《国语的罗马字表记法》无论在韩国国内还是在国际社会，使用度都是非常低的，并没有得到广泛应用。

① 엄익상. 2013 한국어 로마자표기법의 수용도와 개정 방향. 韓中言語文化研究. 2013. 2 第 31 輯. 韓國現代中國研究會.

（6）比较的结果

中韩罗马字表记政策的比较结果，具体如表 5–4 所示（“+”具备，“-”不具备，“+/-”不完全具备）：

表 5–4 中韩现代罗马字表记法比较表

国 别	融合性	接近性	简便性	保障性	广泛性
中国《汉语拼音方案》	+	+/-	+/-	+	+
韩国《国语的罗马字表记法》	+	+/-	+	+/-	-

5.3.3 小结

（1）两国传统语音标记方式的比较小结

中韩两国的传统语音标记方式，都经历了从汉字标音，到汉字式字母标音，最后到罗马字母标音的过程。两国的汉字标记语音方式，都符合本国语言的特点。中国根据汉语的特点，创制了“反切”法。韩国根据韩语的特点，创制了“吏读”法。中国的汉字式字母标音方式——注音符号，最终成为学习汉语的辅助工具。而韩国的汉字式字母标音方式——训民正音，则最终代替了汉字，成为韩国的正式文字。进入近代以后，随着与西方交流的增多，两国均创制了本国的罗马字表记方法。

（2）两国现代罗马字表记政策的比较小结

中国的《汉语拼音方案》已经制定了一系列的实施标准，解决了实际应用中的问题，成为中文罗马字标记的国际标准。另外《汉语拼音方案》在准确性上存在的问题，可以通过拼写规则的调整加以解决。对于简便性上的附加符号问题，可以根据实际需要进行调整。《汉语拼音方案》既是中国人与外国沟通的工具，又是外国人学习汉语的工具。而汉语的性质，决定了必须要有办法来表示汉语的声调。对外交流时常用到的人名、地名表记方式，已经有了欧美国家能接受的变通处理方式，附加符号在其他领域也可以根据需要做一些调整。

韩国的《国语的罗马字表记法》在融合性、简便性上符合本文对罗马字表记法的比较标准，在准确性和保障性上还存在一些问题，可以通过修改拼写规则和完善相关法律法规得以解决。而广泛性是《国语的罗马字表记法》存在的最大问题，目前规范的罗马字表记法在韩国的使用率很低，大部分人在使用英语拼写人名时，基本都是按照英语发音习惯在拼写，所以才导致了“文在寅”不写作 Mun Jae-in，而是写作 Moon Jae-in，这种现象在韩国非常普遍。因此要普及《国语的罗马字表记法》应该加强推行的保障措施，增加该方案在韩国国内的普及度。在国内普及度达到较高水平以后，争取获得国际认证，提高在国际上的认可度。

（3）对绪论部分关于罗马字表记政策问题的回答

问题一：“同样是学习中文，韩国人到中国大陆和台湾地区学习，为什么学的汉字标音系统却几乎完全不一样？”这个问题涉及了中国的汉字注音系统的差异。在民国时期，中国使用的汉字注音系统是《注音符号》，这套符号是使用的汉字形体字母来标音。中华人民共和国成立以后，废止了《注音符号》，使用罗马字母注音，创制了《汉语拼音方案》，目前这套方案已经成为汉语罗马字注音的国际标准。而台湾地区现在主要还是使用的《注音符号》给汉字注音，其罗马字表记系统也反复修改，目前同时使用《汉语拼音方案》《通用拼音方案》《注音字母第二式》《威妥玛拼音》《耶鲁拼音》五套系统。所以韩国人分别到中国大陆和台湾学习的汉字标音系统不一样。

问题二：“为什么韩流明星‘防弹少年团’的英文写为‘Bangtan Boys’缩写却是 BTS；为什么韩国前总统‘李明博’的名字，英语写作 Lee Myung-bak?”这个问题涉及韩国的罗马字表记政策。目前韩国国内有《国语的罗马字表记法》，国际上流行《麦丘恩-赖绍华韩语罗马字系统》，可见韩国的罗马字表记方案并不统一。有部分人遵守了《国语的罗马字表记法》，比如：BTS 实际上是“防弹少年”（방탄소년）罗马字母表记 Bangtan Sonyeong 的缩写。但是大多数韩国人在用英语拼写姓名时，并不按照现有的罗马字表记方案规定，而是按照英文发音规则来拼写韩文字母。而且对姓氏的拼写，还可以不遵守韩语的头音法则，而是按照传统，根据汉字词原来的读音拼写，所以才会有“李明博”（이명박）拼写为 Lee Myung-bak 的情况。

第六章　中韩外来语表记政策比较

本文所指外来语是本民族词语中原来没有，从外语中借入并成为本民族语言组成部分的词语。本节只讨论中韩语言互为外来语的情况，对于英语、日语等其他语言作为汉语、韩语中的外来语词汇来源的情况不做详细讨论。

中韩两国山水相连，古来交往频繁。长期的交往，使两国语言、文化、风俗等各方面都产生了相互影响。特别是在语言接触方面，由于两国交往的需要，在长期的中韩语言接触过程中，大量的汉字词作为外来语进入了朝鲜语，还形成了相应的朝鲜汉字音。而由于朝鲜王朝以前，中韩共同使用汉字的缘故，朝鲜语外来语只以人名、地名、官名、国名和少量其他名词的形式进入汉语。

直到 1945 年第二次世界大战结束以后，两国分别走上不同的语言文字发展道路，两国之间的语言接触有了新的发展。特别是 1992 年中韩建交以来，两国之间经贸、人文交流迅速升温，两国间的语言接触也开始增多：一方面，中国现代汉语的词语开始以外来语的形式进入韩语，如“火锅”“麻辣烫”“游客”；另一方面，20 世纪 90 年代以后，随着“韩流”在中国的流行，韩语的一些固有词和英源韩语词、日源韩语词也开始以外来词的形式进入汉语，如“欧巴”“思密达”“应援”等。

第一节　中国的外来语表记政策

汉语自古以来就受到周边民族语言的影响，形成了一批外来语词汇。从先秦时期到近代，主要受到了西域语言、匈奴语、梵语、蒙古语、满洲语、欧洲语言、日语等外来语的影响，形成了一批外来语词汇。到20 世纪 90 年代开始，中韩建交，两国交流加速，韩语的固有词也开始进入汉语，成为新的外来语词汇来源。

6.1.1　汉语外来语概况[①]

（1）来自西域和匈奴的外来语

根据向熹的《简明汉语史（修订本）》（2010：526-558）所述，汉族从商周起就与外族人民有了联系，语言上也互有影响，尤其是跟北方的匈奴和西方的戎族。汉武帝时，张骞出使西域，带回了很多来源于西域地区的语言和匈奴语的外来词，如“骆驼”（匈奴词）、“狮子”（粟特语）、“琥珀”（突厥语）、“葡萄”（大宛语）等，这些外来语词汇大都是一些具体事物的名称，这些事物是中国原来没有的，传入中国后，连同他们的名称也借到汉语里来了。

（2）来自梵语的外来语

随着汉代佛教传入中国，汉语里也出现了不少源自古印度梵语的佛教借词和新词，如“阿弥陀佛”“佛”“和尚”“地狱”“方便”“烦恼”“平等”“世界”“功德”“智慧”等词语。一些佛教的专门用语，逐渐进入了汉语的普通词汇，丰富了汉语词汇的内容。

---

① 关于汉语中西域语言、匈奴语、梵语、蒙古语、满语、英语、日语等外来语情况的概述，主要参考向熙（2010）的观点，其中所举外来词例子，多转引自该书。

（3）来自蒙古语的外来语

元代的中国统治者是蒙古人，所以当时汉语开始借入蒙语词汇。由于元代的统治只有 90 多年，所以大部分蒙语借入汉语的词后来都消亡了，只有少部分保留了下来。如“胡同”“歹”“蘑菇”“戈壁”等词语都来自蒙语。另外，还有部分汉字的字义，受到蒙语的影响，意思发生改变。比如“站”，“站”在中古汉语中，本来是动词，“直立不动”“久立”的意思。而元代汉语中，将与“驿”意思对应的蒙古语“jamci”音译为“站”。这种用法出现以后，直接对“驿”字的使用形成了冲击，在现代汉语中“站”字完全代替了“驿”字表示“车站”的用法。目前“驿”作为“车站”的意思继续使用，主要保留在日语和韩语之中。

（4）来自满语的外来语

清朝时期，汉语也从满语中借入了很多词语。如“阿哥”“贝勒”“格格”“萨其马”等都是来自满语的音译词。随着清朝的灭亡，满族人不再使用满语，通常用汉语作为日常交际工具，这些来自满语的音译词大都失去了存在的价值，除“萨其马”等个别词以外，几乎全部消亡了。

（5）来自日语的外来语

根据向熹（2010）研究，近代以来，西方文化对中国影响巨大。而由于日本在很多领域都比中国更早接受西方文化，所以一般西方国家的文化，先进入日本再传入中国，这也使得日语词成为现代汉语外来词的主要来源。

由于中日都有使用汉字的传统，所以日译词和日语借词成为西方文化，进入汉语的主要途径，比如：“电报”“工业”“科学”“不动产”“共产主义”“市场”“政策”等词语，绝大多数是日本人用汉字构造新词进行意译的，后来中国人把这些词，连形带义搬回了汉语。日本人有时也用古代汉语中的现有词语去翻译西方的新概念，这些词语形式上为古汉语所固有，但是意义已经发生了很大改变，如“法律”“革命”“机关”“阶级”“理事”“社会”“文化”“资本”“劳动”等词语。另外，日本人还自己创造了一些新词，这些也用汉字构成，后来借入中国，如“财阀”“场所”“入口”“日程”“学会”“服务”“国立”等。

上述的日译词和日语借词都是日本人创造的，用汉字构成，中国人借来以后，读汉字的音，并由字形推知它们的意义，接受起来非常容易。

（6）来自英语等欧洲语言的外来语

英语等欧洲语（以英语为主，伴有少数法语、德语和其他西方语言）也是近代汉语外来语词汇的直接来源。如“海洛因”“麦克风”“巧克力”“卡车”等都直接来自英语的音译，“啤酒”来自德语、“香槟酒”来自法语，“报纸”“公司”“面包”等词语，来自英语的意译。

6.1.2　汉语中的韩语外来语概况

朝鲜语以外来语的形式进入汉语，在古代主要是将朝鲜半岛的人名、地名、国家名等朝鲜语名词翻译为汉语，在中国史书中加以记载。到了 1992 年两国建交以后，随着韩流的兴起，部分韩语固有词进入汉语。如“欧巴、思密达、西八、阿加西、阿一古”等；另外还有部分英源韩语词和日源韩语词，虽然起源于英语和日语，但是主要是先传到韩国，并随着韩流进入汉语，开始在现代汉语中流行，如“爱豆、私生饭、应援”等。这两部分词语，本文都作为汉语中的韩语外来语进行讨论。

（1）古代汉语中的朝鲜语外来语概况（1949 年前）①

中韩两国的交往由来已久。严翼相（2015）认为，从汉代汉字传入朝鲜半岛起，两国就有了语言文字的交流。李忠辉（2017）指出，据《史记》《汉书》《三国志》等史书记载，高句丽、东沃沮、夫余、百济、三韩等朝鲜半岛国家的语言与中国不同，虽然官方书面文字借用汉字，但是口语则是用的本民族语言。在这种“文言不一”的情况下，中国与朝鲜半岛间的交往仍需要翻译。这种状况即便到了 1443 年朝鲜创制本民族文字规范汉字读音以后，亦无太大变化，中国仍需设置朝鲜语译员一职。由此可见，韩语从汉代起就开始作为外来语进入汉语，只是由于朝鲜半岛诸国相对于中国周边的少数民族政权，如匈奴、突厥、契丹、吐

① 关于 1949 年以前汉语中来自朝鲜语的外来语情况，主要参考严翼相（2015）、李忠辉（2017）等学者的观点，其中涉及的史书及《鸡林类事》《朝鲜馆译语》等资料的词语例子，均转引自李忠辉（2017）。

蕃、西夏、蒙古、满洲等来说，国家实力并不够强大，所以对汉语的影响不如其他语言多。但是朝鲜语作为汉语的外来语，在历史文献中，也可以找到一些踪迹。

在汉唐时期，朝鲜语主要通过朝鲜半岛存在的人名、地名、官名、部落名、国名及部分其他名词的翻译进入汉语。如《史记》中出现的朝鲜半岛人名“右渠、路人、韩阴、参”等。《全唐文》中记载的朝鲜半岛国名，“其傍有大莫卢国、复钟国、莫多回国、库娄国、素和国、具弗伏国、匹黎尔国、拔大何国、郁羽陵国、库伏真国、鲁娄国、羽真侯国。”《隋书》中出现的官名，“官有太大兄，次大兄，次小兄，次对卢，次意侯奢，次乌拙，次褥奢，次医属，次仙人，凡十二等。”《梁书》中的地名：“沟娄者，句丽名‘城’也。”另外，还有中国古代典籍，还记载了部分韩语事物的名词，如《梁书》记载：“号所治城曰固麻，谓邑曰檐鲁……呼帽曰冠，褥为复衫，裤曰裈”。《南史》记载，“其冠曰遗子礼，襦曰尉解，裤曰柯半，靴曰洗。”《北史》记载朝鲜半岛国王和王妃的称谓：“王姓余氏，号于罗瑕，民呼为鞬吉支，夏言并王也。王妻号于陆，夏言妃也。”

在宋元时期，北宋人孙穆编写的《鸡林类事》堪称最早的中韩翻译作品。《鸡林类事》成书于1103年至1104年，用汉字音一共标记了365个高丽语单词、短语或句子，并译成汉语，涉及天文地理、数字、动植物、亲属称谓、物品名词等，词性有名词、代词、形容词、动词、副词等。这里面有很多高丽语单词的翻译，作为外来词进入了汉语，如“倡人之子曰故作、乐工曰亦故作（多倡人子为之）”“男儿曰了姐（亦曰同婆记）、女儿曰宝姐（亦曰古召育曹儿）、肥曰骨盐真（亦曰盐骨易成）”等。

明清时期，朝鲜语继续进入汉语。其中，明朝的《朝鲜馆译语》作为一部中韩对译辞书，按《鸡林类事》中的标记翻译方法，收录有五百九十多条单词及短语。相对于《鸡林类事》，《朝鲜馆译语》多为单词翻译解释，短语、句子少。还有把朝鲜语句子翻译成单词的现象，如“去曰你格刺”中的“你格刺”是“你走吧”的意思，直接翻译为“去”。

中华民国时期，日本强占朝鲜半岛，在朝鲜半岛推行殖民统治，将日语作为“国语”推广，朝鲜语被边缘化。同时，当时的反日力量，有一部分退入中国东北进行抗日游击战（如金日成等）；一部分前往中国上海等地，成立“大韩民国临时政府”，这两部分人基本上都熟悉汉语，在与中国人打交道时均以汉语汉字为主。在日本投降以后，半岛南北分裂，处于战后恢复期，对外影响较小。中国也忙于抗战和解放战争，与朝鲜半岛的联系也不紧密，所以这段时间，汉语中没有留下多少朝鲜语外来词的痕迹。

（2）现代汉语中的韩语外来语概况（1949—2020 年）

中华人民共和国成立以后，由于经历了“抗美援朝”战争，所以到 1992 年以前，中韩两国一直处于对立状态，两国间的交往处于停滞状态。这段时间，汉语与韩语（朝鲜语）的接触，主要是通过中国境内的朝鲜族与汉族的交往，以及中华人民共和国与朝鲜民主主义人民共和国的交往。而由于中国国内，汉族是主体民族，所以朝鲜族的朝鲜语对汉语基本没有产生影响，反而是朝鲜语借入了大量新的汉字词。在与朝鲜民主主义人民共和国的交往中，由于特殊的世界政治影响，两国的外来语都主要受俄语影响，韩语（朝鲜语）对汉语基本没有影响。只有少数词语随着朝鲜电影和音乐进入中国，如“金达莱花”“阿妈尼”“阿里郎”等。

从 1992 年中韩建交至今，两国经贸、人文交流迅速升温，特别是 20 世纪 90 年代末，“韩流”在中国的兴起，部分韩语词开始随着韩国音乐和影视作品的流行进入汉语。主要以韩语固有词（如“欧巴”），部分英源韩语词（如“爱豆”），日源韩语词（如“应援”）等词语为主，这些词语主要与演艺行业相关。部分涉及韩国固有词命名的人名、事物名的中文翻译尚没有定论。如韩国人名“보라（宝拉或者宝罗）”的中文翻译，以及韩文（한글）的中文名称“韩古尔”的汉字用字中文译名等。

6.1.3 韩语外来语的表记政策

汉语中的韩语外来语的表记是指用汉字表记韩语外来语。目前中国使用汉字表记韩语外来语，从政府层面来看，只有地名用字的具体规定。其他大部分的韩语外来语使用汉字表记，一般还是靠翻译工作者在翻译实践中摸索。根据韩语词汇的构成，韩语外来语的汉字表记主要分为汉字词的表记、外来词的表记、固有词的表记以及韩国人名、地名的表记四种情况。

（1）汉字词的表记

目前汉语中的韩语汉字词的表记，一般分两种情况：一种情况是韩语词有对应的汉字，但是对应的汉字词语意思与现代汉语有所差异，就采取意译的方式，换成现代汉语通用的词语，如대학원有对应的汉字是“大学院”，但是这个词在汉语中一般不用，所以意译为意思对应的“研究生院”；학부생对应的汉字是“学部生”，但是这个词中国人无法理解，所以翻译为“本科生”；특강对应的汉字是“特讲”，一般中国人也无法理解，所以翻译为“讲座”。

另一种情况是，用汉字词的汉字直译。而这种直译的汉字词，现在正作为韩语外来词的主要形式之一进入汉语。这也是本文重点讨论的对象。

比如，응원对应的汉字为“应援”，汉语也翻译为“应援”，在汉语中与韩语中的意思一样，都是为明星加油的意思。现在已经开始在汉语中使用，但是“应援”作为一个外来语，目前在汉语中的使用度并不广泛，主要局限在青年追星族之中。根据对北京语言大学“现代汉语语料库（BCC）”的查询，“应援”有1624条；且主要为微博上使用的网络用语。关于该词的来源有日语汉字词和韩语汉字词两种说法，但是不可否认的是，这个词的流行，主要还是靠韩流带动的。

연습생，对应的汉字为“练习生”，汉语也直接翻译为“练习生”。主要指从事演艺事业的青年演员。这个词语主要随着中国部分从韩国归国的演艺男明星，也带回了中国。根据对BCC的查询，在微博上有199条记录，报刊上有264条记录。且很多还是中国权威报纸《人民日报》的用语，说明“练习生”已经开始进入汉语。但是目前该词汇也主要在追星族中使用。

대통령，对应的汉字为“大统领”，汉语有两种翻译，在正式的报

纸杂志上，翻译为“总统”；而在网络用语中，也有直接翻译为“大统领”的情况，BCC 上“大统领”一共有 179 条相关记录，主要是专指韩国和美国的总统，且在使用为指美国总统的时候，多带讽刺的意思。由于有相同意思的“总统”一词，所以“大统领”作为韩语外来词，并没有在汉语中广泛传播。

（2）外来词的表记

一部分韩语词汇本来并不是来自韩语固有词和汉字词，而是源自欧洲语言属于现代韩语中的外来词成分。但是这些词语经过“韩流”的传播，进入了汉语。由于这些词语现在已经是韩语词汇的组成部分了，所以这些词语在进入汉语时，对汉语来说也是来自韩语的外来词。这类词语进入汉语时，一般采取以音译为主的方式。

比如：사생팬，现在汉语一般翻译为“私生饭”。指艺人明星的粉丝里行为极端、作风疯狂的一种粉。这个词在韩国 NAVER 词典上，翻译为“追星族”。“팬”是韩语对英语 fan 的音译，在汉语中也直接音译为“粉”，在这里翻译为“饭”，明显是受到韩语发音的影响。“私生”二字主要是音译加意译的结果，韩语中사생并没有“私生”的意思，“私”对应的汉字音为“사”，“生”对应的汉字音为“생”这两个字连起来在汉语中有私生活的意思，正好描述了对这种疯狂粉丝的特点。BCC 中“私生饭”共有 9 条记录，且大部分是微博用语，可见，这个词语才刚刚开始进入汉语，还并不普及。

아이돌，汉语翻译为“爱豆”，来自英语 idol 是音译词，汉语中是“偶像”的意思。这个词虽然源自英语，但是主要还是经过“韩流”的传播，从韩语中传入汉语。在 BCC 中“爱豆”有 1565 条记录，可见在“韩流”的带动下，虽然有“偶像”这个同义词，但是“爱豆”还是开始大量的进入汉语。

（3）固有词的表记

韩语固有词的汉语表记，分作几种情况。第一种情况是汉语有对应意思的单词，则表记为汉语对应词。比如，아줌마根据其韩文原意，表记为汉语的“阿姨、大婶”，这种情况比较常见，不构成外来语。

第二情况是直接按照韩语发音进行音译表记。如오빠表记为“欧巴”，而不表记为“哥哥”。“欧巴”在BCC上有1281条记录，且在日常生活中，这个韩语外来词在中国的接受度也较高。由于汉语称谓词不区别性别，所以导致很多中国人都以为韩语中“哥哥”就叫作“欧巴”，而不知道这个称谓还要分男女。“思密达”是韩语句尾습니다的音译，在BCC上有3187条记录。目前指代韩国或韩国人，在中国应用较为广泛。“阿一古”的使用也是这种情况。“阿一古”是韩语感叹词아이고的音译，在BCC上有87条记录，主要存在于网络语言之中。再如“板索里”（又写作“盘索里”）是对韩国音乐形式판소리的音译。虽然表记的汉字没有完全固定下来，但是音译的形式是确定的，并且通过BCC的搜索，“板索里”有2条记录。由此可见，作为一种独特的音乐艺术形式，“板索里”虽然作为韩语外来词进入了汉语，但是普及度并不高。

第三种情况是由韩国政府确定部分韩语固有词的汉字表记。这部分韩语固有词都是按照音译的原则进行表记，且在中国的接受度较低。

比如：“辛奇”是2013年韩国政府推荐的김치中文译名，基本上是按照音译的原则翻译的。在BCC上对于“辛奇”的检索有175条，但是全部都与김치的意思无关。而汉语中的김치主要用“泡菜”或“韩国泡菜”来翻译，由此还在2020年引发了韩国泡菜与中国泡菜标准的争议。由此可见，目前“辛奇”并没有作为韩语外来词进入汉语词汇。2021年7月22日，韩国政府再次将“辛奇”确定为김치的官方中文译名，“辛奇”是否能成功进入汉语，尚待观察。

“韩古尔”也是相同的情况。“韩古尔”是韩国政府推荐“韩文（한글）”的中文译名，也是根据韩文音译的结果。但是通过对BCC的搜索，“韩格尔”有0条信息。中文目前对한글的翻译，一般表记为“韩文”。可见，“韩古尔”并没有成功进入汉语词汇，目前仅限于韩国国内使用（如“韩古尔博物馆”）。

（4）韩国人名、地名的表记

a. 韩国人名的表记

关于韩国人名的中文表记。绝大部分韩国人名都有对应的汉字，且

目前韩国现行的身份证上，基本都注明了韩国人名的汉字，这一部分人名直接按照汉字读就可以了。另外有少数韩国年轻人，开始用固有词取名，如取名叫보라，用的是韩文的原意（紫色），与汉字无关。这种情况下，将人名表记为中文的时候，一般是采取的音译的办法。不过音译也有两种做法，一种是直接按照现代汉语读音翻译为“宝拉”；另一种是翻译方式按照汉字音翻译为“宝罗”。这两种表记形式目前都存在，尚未取得统一。

b. 韩国的地名表记

关于韩国地名的中文表记。存在两种情况，第一种情况，中国政府规定的《外语地名汉字译写导则·第11部分：朝鲜语》中的相关规定。摘录如下（见表6-1）：

表6-1　外语地名汉字译写导则·第11部分：朝鲜语①

国家市场监督管理总局中国国家标准化管理委员会2019-10-18发布

1　范围

GB/T 17693的本部分规定了朝鲜语地名汉字译写的规则。本部分适用于以汉字译写朝鲜、韩国地名。

2　术语和定义

下列术语和定义适用于本文件。

2.1　地名geographical names对各个地理实体赋予的专有名称。

注：改写GB/T 17693. 1—2008，定义2.1。

2.2　地名专名specific term of geographical names专名地名中用来区分各个地理实体的词。注：改写GB/T 17693. 1—2008，定义2.2。

2.3　地名通名 generic term of geographical names通名地名中用来区分地理实体类别的词。注：改写GB/T 17693. 1—2008，定义2.3。

① 由于相关规定过多，本文只摘录部分。完整具体内容请参见 http://c.gb688.cn/bzgk/gb/showGb?type=online&hcno=CF34511810DDAF06B0FDA5F41302AA1A。

续表

2.4 专名化的通名 generic term used as specific term转化为专名组成部分的地名通名。注：改写GB/T 17693. 1—2008，定义2.4。 2.5 固有词 indigenous words本民族所固有的词，或是用固有的词素造的词。 3 总则 3.1 地名专名宜音译。 3.2 地名通名宜意译。 3.3 传统、惯用汉字译名和以常用人名命名的地名仍旧沿用，其派生的地名应同名同译。 3.4 地名译写应采用朝鲜和韩国的标准和官方正式出版的最新地图、地名录、名词典、地名志等文献中的标准地名。 3.5 译写朝鲜语地名的常用汉字参见附录A。 4 细则 4.1 地名专名 4.1.1 汉字词应遵循以下原则：a）朝鲜语地名专名中的汉字词需查找资料还原成相对应的汉字，可供查找的部分文献资料参见附录B；b）现有资料中找不到的地名，用字参见附录A，其对应汉字应以语义搭配合理为佳，避免使用贬义字和歧义字。若无语义搭配，则优先选择附录A中的首字。 4.1.2 外来词地名专名宜音译。 4.1.3 固有词地名专名宜意译，无法确定其含义的可音译，用字参见附录A。 4.1.4 固有词和汉字词构成的地名专名，应按固有词和汉字词的方法译写。 4.1.5 对地名专名起修饰作用的形容词宜意译，地名常用词汇译写见附录C。 4.1.6 地名中以人名，历史人物的号、谥号和君号等命名的地名专名，还原相对应的汉字，参见附录 D。 4.1.7 地名中的数字、日期宜意译。 4.1.8 具有历史意义的地名专名宜意译，可供查找的部分文献资料参见附录B。 4.1.9 地名中的部分地名专名既是汉字词同时也是固有词时，宜优先使用汉字词。 4.1.10 部分地名专名的汉字译写示例见表1。

续表

表 1　地名专名译写示例

朝鲜语	罗马字母转写	汉语译名	条款号
묘향산	Myohyangsan	妙香山	4.1.1a)
한라산	Hallasan	汉拿山	
사직동	Sajik-dong	社稷洞	
부용동	Buyong-dong	芙蓉洞	
기린리	Girin-ri	麒麟洞	
수리봉	Suribong	守里峰	
산호공원	Sanhogongweon	珊瑚公园	4.1.1b)
항구단	Hanggudan	港口端	
수정봉	Sujeongbong	水晶峰	
호텔리베라	Hotelibera	里维拉酒店	4.1.2

4.2　地名通名

4.2.1　朝鲜语地名通名宜意译，常用地名通名译写表见附录E。

4.2.2　仅有地名专名的自然地理实体和人文地理实体名称，宜按实际地理实体类别加上地名通名。

4.2.3　当地名通名一词多义时，应按所指的地理实体类别意译。

4.2.4　部分地名通名的汉字译写示例见表2。

4.3　其他情况

4.3.1　对于在朝鲜或韩国的称谓与我国称谓不同的同一地理实体名称，应以我国官方正式出版的最新地图、地名录、地名词典、地名志等文献中的标准地名称谓为准。

4.3.2　关于朝鲜语地名罗马化，朝鲜宜采用“朝2012年罗马化转写系统”进行罗马化转写，韩国宜采用“韩2014年罗马化修正版转写系统”进行罗马化转写。具体转写方式参见附录F。

4.3.3　朝鲜语地名中的汉字应改为我国对应规范简化字，如安國寺（安国寺）。

续表

表 2 地名通名译写示例

朝鲜语	罗马字母转写	汉语译名	条款号
평안북도	Phyŏng-anbuk-do	平安北道	4.2.1
예산군	Yesan-gun	礼山郡	
남포항	Namphohang	南浦港	
경복궁	Gyeongbokgung	景福宫	
설악산	Seolaksan	雪岳山	
덕산	Deoksan	德山村	4.2.2
백바위	Baekbawi	白岩山	
제주도	Jejudo	济州岛	4.2.3
제주도	Jeju-do	济州道	

注：表中的“条款号”对应第4章细则的条款号

第二种情况，由韩国政府提出的地名中文译名，被中国接受进入汉语。这主要涉及用韩语固有词来标记的地名。如对韩国首都서울的中文译名的命名。2005 年以前，韩国首都的中文译名都是“汉城”，虽然大韩民国从 1946 年就将汉城（한성，Hanseong）的名字改为了서울（Seoul），但是其中文译名一直没有调整。1992 年中韩建交以后，根据韩国政府的意见，由 2003 年汉阳大学严翼相教授首先提出，采取音译加意译的方法，用“首尔”两个字来翻译서울，并且于 2004 年被韩国政府采纳。2005 年，这个建议被中国政府接受，目前全世界华语圈都是用“首尔”来表示서울的中文译名（엄익상，2016）。

总体来讲，韩语外来语的汉字表记方式是以汉字音对应的汉字直译为主，少数固有词的汉字表记则是采取音译或者音译加意译的方式进行表记。

6.1.4 中国外来语表记特点

汉语的外来语来源，主要是梵语、西域语言、匈奴语、蒙古语、满洲语、日语、英语等。古代来自梵语、西域语言、匈奴语、蒙古语、满洲语的词汇，在进入汉语时，由于一般都是汉族或中原没有的名物词，找不到意思相对的词语来对译，所以最初一般都是采取音译的方式，用同音或音相似的汉字来表记。

而近代的日语外来词在进入汉语时，由于日本也用汉字，所以一般是把日语词用的汉字照搬回中国，按照日语的意思来解释，按照汉语的读音来读。英语外来语是近代随着西方的侵略大举进入中国的。在最初进入中国的时候，一般也是按照音译的原则来表记，但是由于这样的词汇太多，与汉字表意的系统有冲突，民众用起来也有困难，所以后期基本上改为了意译为主，如“telephone”，早期被译为“德律风”，后来被译为“电话”。现在“电话”的翻译留下来了，“德律风”的翻译被淘汰。

由于中国和韩国古代都通用汉字，所以古代朝鲜语外来词在进入汉语时，一般都是人名、地名、官名的音译，用汉字的同音或近音字表记。后期汉字词在朝鲜语中越来越多，很多朝鲜语固有词都替换为了汉字词，导致朝鲜语外来词在古代汉语中总体较少，对汉语的影响也较小，且没有进入日常汉语的使用。1992 年中韩建交之后，随着韩流而进入汉语的少数韩语外来词，在口语中得到了广泛使用。如首尔、欧巴、思密达等。

第二节　韩国的外来语表记政策

韩语中的外来语来源比较广泛，根据其来源不同，主要有蒙古语、满语、日语、梵语、英语等途径。当然，汉语一直都是韩语主要的外来语来源。在古代，汉语随着汉字进入朝鲜语，形成了大量的汉字词。大韩民国与中华人民共和国建交以后，现代汉语又重新以外来语的形式进入韩语，为此韩国政府和学界还制定了多套汉语外来语韩文表记法。

6.2.1 韩语的外来语概况[①]

（1）来自蒙古语的外来语

“오랑캐”，有似汉语的“夷狄”，用于对文化经济落后的民族的蔑称。

“오랑캐”本是地名，是蒙古民族的发祥地之一，汉语写作“兀良哈”，也有写作“斡朗改”或“乌力扬海”的，但一般史书多写作“兀良哈”。本来就像汉语对“夷狄”带有蔑视一样，过去朝鲜人以具有高度的儒家文化而自豪，对北边的其他民族往往蔑称为“오랑캐”。

말，在汉语中是“马”的意思。一般认为这是韩语固有词，因为汉字词“马”，韩语读마，如“马车，”韩语读作마차。但仔细究其本源，말应该来自蒙古语“mori”（安炳浩，2009：334-335）。同时，学者潘悟云则主张，말的读音，应该来自汉语上古音。

（2）来自满语的外来语

사돈，亲家的意思。尽管过去朝鲜半岛使用汉字记录时，常常写作“查顿”，但实际上，该词与汉语毫无关系。而是来自满语的亲家“saddun”。

순대，韩式香肠，是一个使用非常广泛的单词，其做法是将作料、猪血、大米装进猪肠，放到锅里煮。这个词来自满语的香肠“sunt’a”。

另外还有一些例子，如널쿠（斗篷）、소부리（鞍座儿）、쿠리매（褂子）、마호래（帽子）等，都来自满语（安炳浩，2009：335-336）。

（3）来自日语的外来语

벤도，读音来自日语的“便当”，即几层叠在一起，可以提着走的饭盒，很方便，故日语称“bendo”。韩语用的日式汉字音译，由于国语醇化运动的开展，现在韩国几乎不用这个词，而改用韩语固有词도시

① 关于韩语中的蒙古语外来语、满语外来语、日语外来语、梵语外来语、英语等欧洲外来语的情况，主要参考安炳浩、尚玉河（2009）的观点，其中的词语例子，也多转引自该书。

락（安炳浩，2009：336）。

영화在韩语中是“电影”的意思，主要来自日语“映畫”；주식회사（有限公司）来自日语“株式會社”的韩语发音；역사来自“歷史”，是日语对英语 history 的翻译；박물관来自“博物館”，是日语对英语 museum 的翻译。这些词基本上都是通过汉字，以韩语汉字音的形式，从日语进入了韩语。有一些词，如“历史”“博物馆”等，还从日语直接进入了现代汉语。

（4）来自梵语的外来语

梵语词主要是通过佛教的传播，先进入中国再由韩语从汉语中引入。主要都与佛教有关。如아미타불（阿弥陀佛）、찰나（刹那）、아수라（阿修罗）、염라왕（阎罗王）等，在汉语中用到的此类词语，韩语也多使用。

有一个来自梵语的词“乾達”，韩语读成“건달”，看起来像一个固有词，实际来自梵语的“gadharva（干闼婆）”。这是古印度婆罗门教传说中的神，喜欢与女子在水中嬉戏。现代韩语比喻无所事事的二流子、小流氓。（安炳浩，2009：337）

（5）来自英语等欧洲语言的外来语

进入近代以后，欧美国家的科技发达，很多科技类词语被从英语里引入。如“computer”（计算机、电脑）、“on-line”（线上）、“net”（网络）、“vitamin”（维生素）等，在韩语中基本上都直接音译，只是有些单词，为了符合韩语的语音规律，发音做了调整。computer 改成了컴퓨터，on-line 拼为온라이，net 拼为넷，vitamin 改为비타민等。这样从英语中直接引入的外来词，在韩语中的比重越来越大，年轻人更倾向于说英语外来词。比如，关于“妻子”这个词，韩语有固有词아내，汉字词부인（夫人），英语外来词와이프（wife），三种说法，但是와이프的使用频率在逐渐增加。还有部分从其他欧洲语言里面来的单词，如法语的“文艺复兴”，原文是 Renaissance，韩语变成了르네상스。

6.2.2 韩语中的汉语外来语概况

（1）古代的汉语外来语表记（1948年前）[①]

汉字自汉代起进入朝鲜半岛，汉语词汇也随着汉字进入了朝鲜语。根据《三国史记》的记载，汉语词最早是通过实物交流、风俗习惯的传播进入朝鲜语。比如："五年春二月……皇帝遣使来吊，兼进赠紫衣一袭腰带一条彩绫罗一百匹绡二百匹。"（新罗本纪第六文武王上）。正如这些记录所显示，汉语词汇在直接的接触和实物交流中，首先进入了朝鲜语，这些词大部分是生活用品的名称，如这里所引的"자의（紫衣），요대（腰带），릉（绫），라（罗），초（绡），필（匹）"等。

同时，根据李得春（2003b：3-5）的研究，在风俗习惯的传播中，有些汉语词甚至完全代替了固有词。如"俗为端午为车衣"（《三国遗事》卷 2）；"端午，俗名戌衣日。戌衣者，东语车也。是日采艾叶，烂捣入粳米粉，发绿色，打而作糕象车轮形食之，故谓之戌衣日"（《东国岁时记》）；国人称端午曰水濑。（《洌阳岁时记》）；以上例文中的"水濑""戌衣""车衣"是对朝鲜语古代单词"술위（端午）"的吏读式标记。水濑、戌衣，是以汉字读音来标记술위；车衣，则是取"车"之义，取"衣"之音。由此可见，从汉语来的"端午"一词，很久以前就替代了固有词"술위"。

但是绝大部分的汉语词不是通过这两个途径，而是通过汉文文献进入朝鲜语的。这是汉语词汇进入朝鲜语的主要途径。

统一新罗时期，设立了"国学"，主要教授儒学经典，汉语词便随着儒家经典，进入了朝鲜语。景德王十六年（757年）的地名改称和759年文武官职名称的改换，成为朝鲜语固有词和汉字词两大系列形成的开端。（李得春，2003b：41-43）如百济地名，牙述县（엄수리）改为汉字词"阴峰县"；波夫里郡（픗비리）改为汉字词"富里县"。高句丽地名，波旦县（바다）改为汉字词"海曲县"；今勿奴郡（김올）改为汉

① 关于大韩民国成立以前韩语中的汉语外来语概况，主要参考李得春（2003b）、安炳浩、尚玉河（2009）。其中涉及的词语例子，多转引自李得春（2003b）。

字词“黑壤郡”。新罗地名，南内县（남다）改为汉字词“余善县”，古自郡（갓）改为汉字词“固城郡”。对“王”的称呼也如此，原有“居西干、次次雄、尼师今、麻立干”等固有词称号，从新罗智证王四年（503 年）开始改用汉字词“王”。这段时间，很多佛教汉语词汇，也涌入了朝鲜语。如“苦行”“法界”等。

高丽王朝时期，佛教词汇以汉字词的形式，大量进入朝鲜语。同时，高丽光宗九年（958 年）还模仿唐朝实施了科举制度，随之兴起了以汉文为主的儒教教学。这样的背景下，汉字词持续增加。这种情况在 1103 年孙穆的《鸡林类事》和高丽歌谣《翰林别曲》中有所体现。特别是下面的例子，完全照搬了中国的汉字词，如“千曰千，春夏秋冬同，万曰万，东西南北同，江曰江，羊曰羊……”（《鸡林类事》）；“元淳文，仁老诗，公老四六；李正言，陈翰林，双韵走笔……”（《翰林别曲》）。

朝鲜王朝时期，汉字词持续增多，终于确立了固有词与汉字词的双重体系（李得春，2003b：44-52）。这个时期，朝鲜王朝设立了刊经度监，发行了大量佛经谚解，汉字词从而得以在口语中巩固。同时，由于儒学的兴起，更加促进了汉文化的引进，汉字词开始渗透到各个领域。《龙飞御天歌》中就保留了大量的汉字词，至今仍在使用，如“平生、天才、建国”等。而且这段时期，可以用固有词的地方，也使用了汉字词，甚至原来用固有词记录的也改为用汉字词，这从 16 世纪初的《翻译朴通事》（初刊本）和 1677 年的《朴通事谚解》的对比可以看出来。朝鲜朝的汉字词范围十分广泛，包含了名词、动词、形容词、副词、冠词、代词、数词、感叹词等。

朝鲜朝开化期以后，由于中国的衰落和欧美及日本的入侵，汉语词汇只有少数进入了韩国语，如“开化、开明、自强”等。朝鲜语中大部分的新产生汉字词，主要来自日语汉字词。如“温度（온도）、气体（기체）”等词。

日本殖民时期，朝鲜总督府强行推广日语为国语，朝鲜语被边缘化。这段时间，朝鲜语言学者组织成立朝鲜语学会，朝鲜语学会制定了《朝鲜语缀字法统一案》，其中第六章，涉及了外来语，方案中外来语的

表记并没有专门区别不用语言的表记方式，但是却定下来表记外来语的原则：一是不能用新的文字或者符号来写。二是要采取表音主义（转音法）原则（조선어학회，1937：42）。同时，朝鲜语学会还制定了专门的《外来语表记法统一案》，成为后来大韩民国政府制定外来语表记法的最初母本。

这段时间，源自汉语的词汇除了极少数单词，如총통（总统）以外，基本上没有进入朝鲜语，汉字词以日本汉字词为主进入到朝鲜语。

外來語表記法統一案

附

國語音 表記法

朝鮮語音 羅馬字 表記法

朝鮮語音 萬國音聲記號 表記法

朝 鮮 語 學 會

图 6–1　朝鲜语学会制定的《外来语表记法统一案》（1937 年）

（2）现代的汉语外来语表记概况（1948—2020 年）

大韩民国建立以后，有 40 多年没有与中华人民共和国直接接触，但是与我国台湾地区保持着密切的交往，因此汉语与韩语的交流也主要发生在台湾地区与韩国之间。不过这段时间，台湾的汉语词汇并没有直接对韩语产生影响，对汉语外来语产生较少。

1992年中韩建交以后，中国迅速发展成为韩国最大的贸易伙伴、出口对象国和人员往来对象国。根据中国教育部（2020）统计2019年各类外国来华留学人员中，韩国连续4年位列来华留学生人数最多的国家。中国也是韩国的外国留学生最大来源国。两国间的语言文化交流再次变得频繁，汉语再次以外来语的身份，进入韩语。由此在韩国形成了新的汉语外来词，如“화평굴기”（和平崛起）、“우룽차”（乌龙茶）、“베이징”（北京）等。但是在进入韩语时又形成了韩国汉字音、现代汉语原地音等混合并用的情况。

6.2.3　汉语外来语的表记政策

汉语从汉代就与朝鲜语发生了接触（Eom，Ik-sang，2015、2017），随着朝鲜半岛借用汉字，汉语词也随着汉字进入了朝鲜语，并且形成了朝鲜语中的汉字词（有一部分汉字词是近代以后，从日语传入；还有一部分是韩国自造的汉字词）。汉字词的传入，也产生了与之相配的朝鲜汉字音。在古代朝鲜语中，对汉语外来词一般采取符合朝鲜语语音系统的汉字音来标记，这种方式很好地将汉语外来词吸收进了朝鲜语的词汇体系，使汉字词成为朝鲜语词汇的重要组成部分，这些汉字词目前仍然占朝鲜语词汇的大多数。

在现代韩语中，汉语翻译成韩文，主要有四种方法：第一种方法是在汉语和韩语都有同样词义，汉字音有对应汉字的词，采取直译汉字音的方式。比如，“图书馆”表记为“도서관”。第二种方法是在用韩国汉字音表记时，遇到词不达意的情况，则采用译文加括号备注汉字的方式表记。比如，“一带一路”表记为“일대일로（一带一路）”。第三种方法是按现代汉语原地音，按音素对应表记。比如，“周润发”表记为“저우룬파”。第四种方法是因制度、国情差异，而造成的不好用汉字音或原地音直接表记的汉语词汇，一般采用韩文中的同义词进行意译的方式表记。比如，将“宣传”表记为“홍보（弘報）”。第四种方法一般不形成新的外来词，所以本文不讨论。而用汉字音表记汉语词的情况，在前面已经进行了论述，所以本节重点讨论原地音表记法的情况。

（1）原地音表记法概况

大韩民国用原地音原则表记汉语词汇，最早是 1985 年최영애·김용옥发表的汉语外来词韩文表记方案，接着 1986 年韩国政府发表了《外来词表记法·汉语》（简称政府方案），随后二十多年，有不少的韩国学者也提出了自己的各种意见，如엄익상（1996），심소희（1999），짐영만（2000），배재석（2002），장호득（2003），정희원（2004），김희성（2007），강혜근（2008），박영룩（2011）等。虽然韩国汉语学界讨论得很热烈，但是目前韩国的汉语原地音标注系统并未统一。

在原地音标记法中，目前韩国官方文书和媒体一般多用“政府方案”（2017 年修改版），学术界和部分出版界也使用“严翼相方案”（由汉阳大学严翼相教授 1996 年创制，2002 年修改），其他方案目前在韩国国内使用人数都较少，影响相对较弱。本文主要针对韩国政府的《外来语表记法·汉语》（2017 年）和民间使用最多的严翼相《汉语外来语韩文表记法》（2002 年）进行研究。

（2）韩国政府的《外来语表记法·汉语》具体内容（见表 6-2）

表 6-2 《外来语表记法·汉语》（2017 年修订版）

문체부 고시 제 2017-14 호（2017. 3. 28.）

1. 基本原则：韩国外来词表记法总共有以下5个原则：

第一，外来词只能用韩国语现用的24个字母书写。

字母

子音	ㄱ ㄴ ㄷ ㄹ ㅁ ㅂ ㅅ ㅇ ㅈ ㅊ ㅋ ㅌ ㅍ ㅎ
母音	ㅏ ㅑ ㅓ ㅕ ㅗ ㅛ ㅜ ㅠ ㅡ ㅣ

第二，外来词的一个音韵原则上记为一个符号。

第三，只能用“ㄱ，ㄴ，ㄹ，ㅁ，ㅂ，ㅅ，ㅇ”作为收音。

第四，不能用韩语的紧音（ㅃ、ㄸ、ㄲ）来标记破裂音。

第五，已经确定的外来词要尊重其惯用形式，但范围和用例要单独确定。

续表

2. 在实施细则中，有关于各个具体语言的外来语标记规定，其中关于汉语的规定如下：

<table>
<tr><th colspan="3">声母</th><th colspan="6">韵母</th></tr>
<tr><th>音类</th><th>汉语拼音</th><th>韩文字母</th><th>音类</th><th>汉语拼音</th><th>韩文字母</th><th>音类</th><th>汉语拼音</th><th>韩文字母</th></tr>
<tr><td>双唇音</td><td>b
p
m</td><td>ㅂ
ㅍ
ㅁ</td><td>单韵母</td><td>a
o
e
ê
er（r）
yi（i）
wu（u）
yu（ü）</td><td>아
오
어
에
얼
이（ㅣ）
우（ㅜ）
위（ㅟ）</td><td>齐齿呼复韵母</td><td>yan （ian）
yin（in）
yang（iang）
ying（ing）
yong（iong）</td><td>옌（옌）
인（인）
양（양）
잉（잉）
융（융）</td></tr>
<tr><td>唇齿音</td><td>f</td><td>ㅍ</td><td rowspan="3">开口呼复韵母</td><td rowspan="3">ai
ei
ao
ou
an
en
ang
eng</td><td rowspan="3">아이
에이
아오
어우
안
언
앙
엉</td><td rowspan="3">合口呼复韵母</td><td rowspan="3">wa（ua）
wo（uo）
wai（uai）
wei（ui）
wan（uan）
wen（un）
wang（uang）
weng（ong）</td><td rowspan="3">와（ㅘ）
워（ㅝ）
와이（ㅚ이）
웨이（ㅜ이）
완（완）
원（운）
왕（왕）
웡（웅）</td></tr>
<tr><td>舌尖音</td><td>d
t
n
l</td><td>ㄷ
ㅌ
ㄴ
ㄹ</td></tr>
<tr><td>软腭音</td><td>g
k
h</td><td>ㄱ
ㅋ
ㅎ</td></tr>
<tr><td>齿龈硬腭音</td><td>j
q
x</td><td>ㅈ
ㅊ
ㅅ</td><td rowspan="2">齐齿呼复韵母</td><td rowspan="2">ya（ia）
ye（ie）
yo
yai
yao
（iao）
you（iu）</td><td rowspan="2">야（ㅑ）
예（ㅖ）
요
야이
야오
（ㅑ오）
유（ㅠ）</td><td rowspan="2">撮口呼复韵母</td><td rowspan="2">yue（üe）
yuan（üan）
yun（ün）</td><td rowspan="2">웨（ㅞ）
위안（ㅟ안）
윈（윈）</td></tr>
<tr><td>翘舌音</td><td>zh
ch
sh
r</td><td>ㅈ[
즈]
ㅊ[
츠]
ㅅ[
스]
ㄹ[
르]</td></tr>
<tr><td>舌尖前音</td><td>z
c
s</td><td>ㅉ[
쯔]
ㅊ[
츠]
ㅆ[
쓰]</td><td colspan="6">[　]里的是声母自成音节时的发音标记；
（　）里的韵母，如果有辅音在前面，要加上辅音标记。</td></tr>
</table>

说明：

a. 声调不标记。

b. ㅈ、ㅉ、ㅊ后面的“ㅑ，ㅖ，ㅛ，ㅠ”标记为“ㅏ，ㅔ，ㅗ，ㅜ”。

如：쟈→자；졔→제

c. 关于人名、地名标记的原则：

1）外国的人名、地名以遵守前面几项规定为大原则。

2）外国的人名、地名原则上使用原地音。

3）不用原地音，而用第三国的通用发音，也是可以允许的。

4）固有名词的译名，通用时要遵循惯用原则。

5）关于中国人名、地名，古代人名用汉字音，近代现代人物用原地音，已经消失的老地名用汉字音，至今还用的地名用原地音。

（3）严翼相的《汉语外来语韩文表记法》具体内容（见表 6-3）

表 6-3 严翼相《汉语外来语韩文表记法》（2002）

严翼相《汉语外来语韩文表记法》，由韩国汉阳大学严翼相研究发表。于 1996 年首次发布，2002 年做了修正。

声母			韵母					
音类	汉语拼音	韩文字母	音类	汉语拼音	韩文字母	音类	汉语拼音	韩文字母
双唇音	b p m	ㅃ/ㅂ ㅍ ㅁ	单韵母	-i a o e ê er（r） yi（i） wu（u） yu（ü）	으 아 오 어 에 얼 이（ㅣ） 우（ㅜ） 위（ㅟ）	齐齿呼复韵母	yan（ian） yin（in） yang（iang） ying（ing） yong（iong）	앤（ㅣ앤） 인（인） 양（ㅣ앙） 잉（잉） 용（ㅣ옹）

续表

<table>
<tr><td>唇齿音</td><td>f</td><td>ㅍ</td><td rowspan="3">开口呼
复韵母</td><td rowspan="3">ai
ei
ao
ou
an
en
ang
eng
ong</td><td rowspan="3">아이
에이
아오
오우
안
언
앙
엉
옹</td><td rowspan="3">合口呼
复韵母</td><td rowspan="3">wa（ua）
wo（uo）
wai（uai）
wei（ui）
wan（uan）
wen（un）
wang（uang）
weng（ong）</td><td rowspan="3">와（ㅜ아）
워（ㅜ오）
와이（ㅘ이）
웨이（ㅜ이）
완（ㅜ안）
원（운）
왕（ㅜ앙）
웡</td></tr>
<tr><td>舌尖音</td><td>d
t
n
l</td><td>ㄸ/ㄷ
ㅌ
ㄴ
ㄹ</td></tr>
<tr><td rowspan="2">软腭音</td><td rowspan="2">g
k
h</td><td rowspan="2">ㄲ/ㄱ
ㅋ
ㅎ</td></tr>
<tr><td rowspan="3">齐齿呼
复韵母</td><td rowspan="3">ya（ia）
ye（ie）
yo
yao
（iao）
you
（iu）</td><td rowspan="3">야（ㅣ아）
예（ㅣ에）
요
야오
（ㅑ오）
요우
（ㅣ우）</td><td rowspan="3">撮口呼
复韵母</td><td rowspan="3">yue（üe）
yuan（üan）
yun（ün）</td><td rowspan="3">웨（ㅟ에）
위앤（ㅟ앤）
윈（윈）</td></tr>
<tr><td>齿龈硬腭音</td><td>j
q
x</td><td>ㅈ
ㅊ
ㅅ</td></tr>
<tr><td>翘舌音</td><td>zh
ch
sh
r</td><td>ㅈ[즈]
ㅊ[츠]
ㅅ[스]
ㄹ[르]</td></tr>
<tr><td>舌尖前音</td><td>z

c
s</td><td>ㅉ[쯔]/즈
ㅊ[츠]
ㅆ[쓰]/스</td><td colspan="6">[ ]里的是声母自成音节时的发音标记；
（ ）里的韵母，如果有辅音在前面，要加上辅音标记。</td></tr>
</table>

说明：

a. 用两套符号表示声母 b， d-，g-，z-，s-；在一般情况下，用ㅃ-，ㄸ-，ㄲ-，ㅉ-，ㅆ-标记相应的汉语拼音音素，但在读轻声时，用ㅂ-，ㄷ-，ㄱ-，ㅈ-，ㅅ-标记。

b. 声母 f-.ch-，r-与 p-，c-，l-等声母一定要区分时，前者可以采取对字母下划线（书写时），或加粗字体（印刷时）的方式区别。

c. 拼写人名时，姓和名要用空格隔开。

d. 拼写地名时，若遇到“山、江、海”等事物，要在名词后标记该事物的性质。

e. 所有来自中国的人名、地名不管时代或古今地名，都用原地音标注。

f. 声调不标记。

6.2.4　韩国外来语表记特点

古代朝鲜半岛与中国关系十分密切，同时由于朝鲜半岛也使用汉字为官方文字，所以尽管韩语中有来自蒙古语、满语、梵语、日语、英语等多个民族的外来语，但是除了日源词和英源词相对较多，其他外来词都非常少。

汉字在东汉以前就传入了朝鲜半岛，并且形成了相应的朝鲜汉字音。所以从半岛三国时代起，朝鲜民族在处理汉语外来语时，就直接将汉字词的书写形式引入了朝鲜语，只是用朝鲜语汉字音来读。经过统一新罗、高丽王朝、朝鲜王朝等封建王朝上千年的强化，汉字词已经成为朝鲜语重要的组成部分，目前在韩国已经不被看作外来语。

需要强调的是，汉字词中并不全部都是来自汉语，近代以后随着日本对朝鲜半岛的强占，大力推行日语，所以日语汉字词也进入了朝鲜语。跟吸收中国汉字词一样，朝鲜语对日语汉字词也是采取引入汉字的书写形式，用朝鲜语汉字音来读。目前日语汉字词也占了韩语汉字词的很大比重，如“野球”（야구“棒球”）、“化妆室”（화장실卫生间）等，在现代韩语中，也是使用频率很高的词语。

第三节　中韩外来语表记政策比较

6.3.1　对中韩传统外来语表记政策的比较

中韩两国传统外来语表记政策，都具有外来语来源相似、表记方式不同、相互影响程度差异明显的特点。

（1）两国外来语的来源相似

由于地理上的相邻，文化上的接近，历史上的交往，古代中韩两国的外来语来源非常相似。

中国古代汉语的外来语来源，最早是由于汉族与北方周边民族的接触，所以借用了匈奴语、西域语的词汇。随着东汉时期，佛教传入中国，在翻译佛经的过程中，梵语词汇进入了汉语，成为汉语的又一个主要的外来语来源。到元明清时期，由于政治上的统治地位，蒙古语和满语词汇进入汉语，成为汉语的外来语来源之一。进入近代以后，在西方先进经济、文化的影响下，英语和日语成为现代汉语的外来语主要来源。英语和日语外来词，对现代汉语的词汇系统形成，产生了重要影响。

朝鲜半岛古代的外来语来源也较多，在东汉以前，汉字传入朝鲜半岛，汉语词也随之作为外来语进入了朝鲜语。同时，随着佛教从中国传入韩国，并且在统一新罗和高丽王朝时期大发展，很多经过汉语翻译的梵语词，也作为汉字词进入朝鲜语。高丽王朝和朝鲜王朝时期，由于受到周边蒙古政权和满洲政权的影响，蒙古语和满语词汇作为外来语进入朝鲜语。进入开化期以后，同样受西方资本主义国家经济、文化的影响，英语等欧洲国家的语言成为外来语的重要来源。在日本殖民时期，由于殖民政府推行的语言压迫政策，日语词作为主要的外来语来源，大量进入朝鲜语，并且在朝鲜语中逐渐占据重要地位。

（2）两国外来语表记方式发展不同

中韩都曾共同使用汉字，所以两国在早期表记外来语的时候，都使用汉字来表记，但是在使用汉字表记时，表记的方式却有差异。

中国古代外来语的表记，都是用汉字进行的表记，经历了从音译为主到意译为主的转变。古代中国的外来语主要来自匈奴语、西域语、梵语、蒙古语、满语，对于这些民族的外来语，最初都采取音译的方式，即用读音与外来语相同或相近的汉字，来表记外来语新词。这种方法主要考虑语音上的接近，不考虑语义。如“狮子”“刹那”等词语都是这种情况。进入近代以后，对英语、日语外来词的翻译，则经历了一定的变化。对于英语词，经历了从音译为主到以意译为主的转变。如“telephone”在民国初期被音译为“德律风”，后来被意译为“电话”；而对于日语词，则大都使用汉字原文直译，少数根据汉语意思进行意译。如“革命”“历史”“博物馆”等词语，都是按照日语汉字的写法，直接翻译成汉语，这类词语在现代汉语中，占了日语外来语的大多数；“会社”在汉语中一般不用，所以进入汉语后意译为“公司”，这类日语外来语，在现代汉语中的比例不如直译的词语多。

朝鲜半岛早期的外来语表记是以汉字为主，《训民正音》创制以后则汉字与朝鲜文兼用。其表记方式经历了从汉字直译到以音译为主的转变。朝鲜语的外来语最主要来源是汉语词，这些汉语词随着汉字在朝鲜半岛的传入而进入朝鲜语。由于古代朝鲜半岛使用汉字，所以汉语词进入朝鲜语以后，在形体上还是以汉字直接书写，在读音上以朝鲜语汉字音读，基本上就是汉字直译。古代朝鲜语中，对于经过中国汉语翻译后传入朝鲜半岛的梵语词，以及近代从日语汉字词中传入朝鲜半岛的外来语，都是采取的这种汉字直译的方式。而对于蒙古语、满洲语等外来语，则主要是采取的音译的方式，特别是到了近代开化期以后，随着朝鲜文的普及，对于英语等欧洲语言的表记，开始逐渐以音译为主，甚至原来用汉字音表记的日语外来语，也转变为以原地音音译为主，这种表记倾向，直接导致了韩语中的外来语数量剧增。

（3）中韩语言相互影响程度不同

古代中国的汉语对朝鲜语影响非常大，汉语作为朝鲜语最主要的外来语来源，直接导致了朝鲜语中汉字词的产生，并成为朝鲜语的重要组成部分。而由于政治、经济、文化等实力的不对称，古代朝鲜语对汉语的影响非常小。

中国的汉语词，在东汉以前就随着汉字进入朝鲜半岛。汉语词进入朝鲜语以后，虽然书写形式还是汉字，但是读音上使用的是朝鲜语汉字音，被称为朝鲜语汉字词。在两千多年的汉字词发展过程中，朝鲜语汉字词逐渐进入日常使用代替固有词，占有了朝鲜语词汇的50%左右，成为朝鲜语的重要组成部分。

朝鲜语最初进入汉语，是中国史书中把朝鲜半岛的国家名、官职名、地名等以音译的方式，用汉字记录下来。这些记录只零散地记载于官方史书之中，没有进入汉语的口语体系，所以古代朝鲜语基本上对汉语没有产生影响。

6.3.2　对中韩现代外来语表记政策的比较

由于中韩两国的差异，特别是结合韩国外来语表记法的现状。对中韩外来语表记法的比较，不仅是对中国政府的韩语外来语汉字表记政策与韩国政府的《外来语表记法·汉语》（政府方案）之间的比较，还要包括对民间使用较多的严翼相《汉语外来语韩文表记法》（严翼相方案）的比较。

根据本文设定的比较标准，对中韩两国外来语表记政策进行比较，应该从民族性、一致性、明确性、保障性、广泛性五个方面展开。

（1）民族性比较

民族性是指外来语的表记，无论是采用音译、意译、音译加意译，都要尽量选择、确定适合本国、本民族语言文字、文化、观念、心理等的表记方法。

汉字是表意文字，所以汉字表记外来词以意译为主。由于韩国汉字词与中国的汉语词，在大多数情况下都有语音和语义的对应关系，所以中国的韩语外来语汉字表记政策，绝大部分是按照汉语的习惯，采取汉字音直译方式。而韩语汉字词与汉语词不一致的地方，则采取根据意义，更改为汉语的习惯用词。比如：운명，对应的汉字是“运命”，这个词中国人不用，所以汉语表记为常用词“命运”。对韩国的人名、地名也基本上是以汉字音直译为主。大部分的固有词则是意译为主，比如：까치就表记为“喜鹊”，而不采取音译。只有少数固有词的表记，采取了音译的方式，比如：“首尔”“欧巴”等词语的表记。而这种音译词语在韩语外来语中占的总数并不算多，所以总体上中国的韩语外来语表记政策体现了民族性的特点。

韩文是表音文字，所以韩文对汉语外来语的表记都是采取音译的方式。韩国政府的《外来语表记法·汉语》，虽然是用现代汉语语音来表记汉语外来词，但是该规定在使用原地音原则和韩国汉字音原则时，却做了区分。对于古代的人名用汉字音，现代人物用原地音，已经消失的老地名用汉字音，至今还用的地名用原地音。虽然在具体的表记时，跨时代的人物，如鲁迅、毛泽东等人名的表记会有一些困难，但是这个规定，照顾到了部分韩国人使用汉字音表记汉语外来语的习惯，符合韩国特有的汉字文化特征，具有民族性。

严翼相《汉语外来语韩文表记法》在字母的选择上，完全按照韩语的习惯，用现有的韩语字母表记汉语拼音，不增加一个字母。比如：汉语中的 f，在韩语中没有对应的辅音，“严翼相方案”用双唇送气音ㅍ来表记，这是参考了汉语音韵学中“古无轻唇音”的原则，即现代汉语的唇齿音 f，都是来自上古汉语的双唇音。在韩语中表记英语字母 f，一般选用的是ㅍ，所以严翼相方案的设计，兼顾了汉语的特点和韩语的习惯，民族性较强。但是，严翼相方案主张，在中国地名、人名的表记规定上，主张不区分时代，全部用现代汉语原地音表记。这样的规定，主要体现了西方语言学界的主张，对于韩国固有的汉字音表记习惯有一定的影响。

（2）一致性比较

一致性是指制定外来语表记方案，表记规则前后一致，互不矛盾，是一个完善的表记系统。

中国的韩语外来语汉字表记政策，除了《外语地名汉字译写导则•第 11 部分：朝鲜语》对韩国的地名表记有专门的规定，对于韩语外来语的其他词语，没有规定具体表记办法。目前在翻译时同时存在两种情况，即使用汉字音对应汉字，直接表记汉字词。及使用汉字同音字，音译韩语固有词。特别是在表记固有词时，用字的不固定，导致表记的不一致，但是这只是极少数现象。总体来讲，韩语外来语汉字表记政策，基本都是以汉字音对应汉字表记，表记原则的一致性较强。

韩国政府的《外来语表记法 • 汉语》，完全是对应《汉语拼音方案》制定的，但是在选用韩文字母转写《汉语拼音方案》时，音素对应规则却并不一致。比如，“o”在“ɑo、ou、ong”中使用了“오”“어”“우”三个字母来表记，对应不一致。另外，《外来语表记法》总则规定：在标记外来语时，不能用韩语的紧音ㅃ、ㄸ、ㄲ来标记 b、d、g，但又使用了紧音ㅉ、ㅆ来标记 z、s，这个规定方案中并没有解释，最终形成了这种前后矛盾的规定。

严翼相《汉语外来语韩文表记法》也是对应《汉语拼音方案》来制定的。在转写过程中，规定前后一致，基本上实现了韩文字母与汉语拼音音素的一一对应。比如，“o”无论是在何处，都只用“오”来表记，整套方案前后一致。

（3）明确性比较

明确性是指在用本民族文字对外来语进行表记时，表记的规则明确，形成的新词表达清晰。表意文字能从字面看懂词语意思，表音文字则要与外来语的原地音发音一致或最大限度接近。

中国的韩语外来语汉字表记政策，在韩国地名的表记上，有专门的规定。在日常表记中，主要存在两种情况，一是对于汉语中原来没有的汉字词，如果现代汉语没有对应意思的词语，则直接使用汉字音对应的汉字，如“应援”，这种新词能从汉字意思直接知道词汇意思；二是对少数韩语与汉语没有对应意思的固有名词，则主要以音译为主，这种音译的词语，少数因为缺乏规范，用字并不统一，如“판소리”，就有“盘索里”“板索里”等多种表记方式。总体来讲，韩语外来语进入汉语是以汉字直译为主。少数固有词的音译存在用字不规范的情况，可是总体数量不多，影响也不大。

韩国政府的《外来语表记法·汉语》总体上比较接近原地音，但还是存在字母选择不接近原地音的情况。根据韩国政府《外来语表记法·汉语》规定：在标记汉语外来语时，多数情况下，选择字母考虑了发音的接近度。比如，对 z、s 的表记，使用了与中文发音更接近的紧音ㅉ、ㅆ，而没用松音ㅈ、ㅅ。但是标记 b、d、g时，又不用紧音ㅃ、ㄸ、ㄲ来标记，而用松音ㅂ、ㄷ、ㄱ来标记，使得部分外来语读音与中文原地音差距较大。

严翼相《汉语外来语韩文表记法》的设计清楚、明确，而且还最大限度考虑了语音相似度。该方案选择了紧音ㅃ、ㄸ、ㄲ来标记 b、d、g，实现了语音相似度的最大化。孟柱亿、权英实（2007ab）的语音实验结果和邓丹（2018）的感知语言实验结果，都支持紧音与 b、d、g的读音更接近的主张。另外该方案规定，按照主元音的个数来标注汉字音节，这样个别汉语中发音不同的字，就可以得到区分（王浩、嚴翼相，2020）。

（4）保障性比较

中韩两国在外来语表记政策的推广方面，出现了不同的差异。

由于大部分韩语外来语都可以通过汉字音直译汉字，所以中国没有专门的《韩语外来语汉字表记法》，只有《外语地名汉字译写导则·第11部分：朝鲜语》对韩国地名表记进行了规定。而对于少数由固有词组成的韩语外来语，其表记方式主要还是靠音译。这种音译出来的韩语固有词外来语，随着“韩流”在大众媒体的传播，在社会上形成约定俗成的表记习惯。这样的传播方式，随意性较强，表记形式的固定没有保障。

韩国政府的《外来语表记法·汉语》，则主要靠国立国语院进行推广。国立国语院设立了专门的网站，将《汉语外来语韩文表记法》的具体规定挂在了网页上，提供给需要的人员查询。并且通过国立国语院对教育、文化部门的促进，保证了出版物、公共场所开始大量使用韩国政府的《外来语表记法·汉语》。

严翼相《汉语外来语韩文表记法》由于只是学者的一家之言，所以推广得不到保障。目前主要由严翼相教授及其弟子在大学等教育机构推广，虽然也得到了部分学术界和出版界的支持，但是与“政府方案”相比，实施的保障性较弱。

（5）广泛性比较

中韩两国的外来语表记政策，普及情况差异较大。

对中国的韩语外来语汉字表记政策，大部分中国人还是按照传统，使用汉字音对应的汉字来表记韩语外来语。同时，除了“欧巴”“首尔”等少数词语之外，韩语固有词进入汉语的并不多，这也导致目前中国成文的韩语外来语表记政策，只有《外语地名汉字译写导则·第11部分：朝鲜语》，但是这个政策也基本上使用的汉字音对应汉字表记方式。所以，使用汉字音对应汉字来表记韩语外来语的方法应用非常广泛。

韩国政府的《外来语表记法·汉语》和严翼相《汉语外来语韩文表记法》，在韩国国内普及率都有待提高。由于国立国语院的推广，虽然目前韩国国内的出版物、公共场所、大众媒体等领域，已经大量使用韩国政府的《外来语表记法·汉语》，但是由于该方案存在的设计缺陷，以及韩国国内汉字音使用的传统，目前韩国还有很多人在使用汉字音表记汉语外来语。同时，韩国国内还有很多学者的汉语外来语表记方案与《外来语表记法·汉语》并行。如严翼相《汉语外来语韩文表记法》（虽然在 NAVER 上“严翼相方案”的使用也较多，但是还是不如“政府方案”普及）。所以，“政府方案”和“严翼相方案”的使用范围非常有限，除了政府管理的公共服务领域和部分学术界、出版界以外，日常生活中其应用并不广泛，目前韩国的汉语外来语韩文表记情况还很混乱，并存有汉字音、原地音等多种方案。

（6）比较的结果

中韩两国外来语比较的结果，具体如表 6–4 所示（“+”具备，“-”不具备，“+/-”不完全具备）

表 6–4　中韩现代外来语表记政策比较表

国别	民族性	一致性	明确性	保障性	广泛性
中国的韩语外来语汉字表记政策	+	+	+	+/-	+
韩国政府方案	+	-	+/-	+	+/-
严翼相方案	+/-	+	+	+/-	+/-

6.3.3　小结

（1）两国传统外来语表记政策比较小结

中韩两国古代的外来语来源基本相同，主要来自梵语、蒙古语、满语等周边民族的语言。进入近代以后，英语和日语成为中韩两国外来语的主要来源。中国对外来语的表记经历了从音译为主，到意译为主的过程，而朝鲜半岛对外来语的表记经历了从汉字直译到使用训民正音音译的过程。中韩互为对方外来语的来源，对相互的语言影响也不同。汉语对朝鲜语的影响较大，从上古时期起，汉字词就传入了朝鲜语，并且经过两千多年的发展，已经成为朝鲜语的重要组成部分。而朝鲜语在古代对汉语的影响较小，主要体现为朝鲜半岛人名、官名、地名的汉字表记方面。

（2）现代中韩互为外来语的表记政策比较小结

现代中国的韩语外来语表记方式，主要分为汉字词直译和意译，外来词和固有词音译的方式表记。韩国的汉语外来语表记方式，主要有汉字音表记和原地音表记方式。原地音表记方式又有“政府方案”“严翼相方案”等多套方案。

按照本文设定的外来语表记政策比较标准，中国的韩语外来语表记政策，在民族性、一致性、明确性、广泛性上均做得较好，只是在保障性上，尚未建立一个涵盖所有情况的《韩语外来语汉字表记法》，在用汉字表记韩语外来语时，用字的随意性比较大，容易造成沟通的障碍。韩国的汉语外来语表记政策，则是存在多套表记法并行，且各套方案均不完备的现状，亟须改进整合形一套完善的新方案。

（3）对绪论部分外来语表记政策问题的回答

问题一：“韩国首都的中文译名为什么从‘汉城’改为了‘首尔’？”这个问题涉及中国的外来语表记政策。由于韩语中存在大量汉字词，中国在表记韩语外来语时，一般都采用汉字词直译的方式。“汉城”就是韩语汉字词“한성”的直译。“한성”（Hanseong）作为韩国首都名，始于朝鲜王朝时期，在日本殖民时期，“汉城”改为了“京城”。1946 年 8 月 15 日“京城”改为了“서울”（Seoul），使用的是韩语表示“首都”的固有词，但是中文翻译名一直没改，还是沿用的“汉城”。直到 2005 年，中国政府同意使用韩国提出的“首尔”（Seoul）中文翻译名，世界华语圈才开始使用“首尔”来替代“汉城”。“首尔”是根据汉阳大学中文系严翼相教授的提议，采用的是音译加意译的方式，将韩国固有词音译，并配合汉字字义进行的表记。韩国首都从“汉城”到“首尔”主要是由于从使用汉字词改为了固有词，所以中文的表记方式也随之产生了变化。

问题二：“中国的‘北京’，韩文为什么会有북경，베이징，뻬이징等多种拼写法？”这个问题涉及韩国的汉语外来语表记政策。目前韩

国的汉语外来语，有汉字音表记和原地音表记两种方式，而原地音表记也有多套方案，除了“政府方案”以外，还有各个学者自己提出的方案。복경是汉字音的表记方式，베이징是“政府方案”的表记方式，뻬이징是“严翼相方案”的表记方式，另外还有其他学者的一些表记方式，从韩国社会的使用情况来看，各种方案都在使用，韩国的汉语外来语表记法并没有统一。

第七章　中韩之间的相互启示

本文根据语言政策的特性和实施过程，设定了语言政策的制定标准。由于不同国家的语言政策，在相同领域的交际沟通目标相同，所以语言政策的制定标准也是不同国家之间语言政策的比较标准。本文认为语言政策的制定标准应该分领域、分层次、分阶段制定。具体来说，文字政策、标准语政策、罗马字表记政策、外来语表记政策四大领域的语言政策，第一层的比较原则相同，第二层的具体标准不同，特别是在制定政策的合理性内涵上，不同的语言政策会有不同的要求。

本文对于中韩两国传统语言政策的比较，主要是根据第二章对语言政策实施过程的模式设定，从语言政策制定的原因、推行的途径、实行的结果三个方面，分别对中韩两国传统的文字政策、共同语政策、语音表记政策、外来语表记政策的特点进行了总结，并对两国传统语言政策共同点和不同点进行了比较分析。

根据本文对语言政策比较标准的设定，中韩现代语言政策都需要遵守方案的合理性原则、施行的保障性原则、应用的广泛性原则。除了实行的保障性原则和应用的广泛性原则可以直接作为共同的比较标准以外，根据各种语言政策的不同，方案的合理性原则所对应的具体比较标准也有差别。如方案的合理性原则在文字政策中对应的比较标准是适合性、标准化、必要性。在标准语政策中对应的是代表性、规范性、传承性。在罗马字表记政策中对应的是融合性、接近性、简便性。在外来语表记政策中对应的是民族性、一致性、明确性。

中国的汉字符合汉语孤立语的特点。通过对汉字定量、定形、定音、定序，实现了汉字的标准化。同时《通用规范汉字表》的制定，满足了社会用字需要。而相关文字政策的推行有法律保障和专门的机构，规范汉字的普及率较高。韩国的韩文符合韩语黏着语的特点，但是仍然存在“言文不一”的现象。虽然通过《韩文缀字法》的规定，实现了韩文的标准化。但是该“缀字法”中关于“头音法则”的规定，其必要性值得讨论。韩国相关文字政策的推行有法律保障和专门的机构，现代韩文的普及率较高。

中国的标准语是普通话。普通话以北京语音为标准音，这是明清以来汉语共同语的基础。国家语委对普通话的语音、词汇、语法制定了规范，特别是《国家通用语言文字法》保障了普通话的推行。总体来看，目前除了部分少数民族和汉语方言区的农村人口，中国大部分人口已经普及了普通话。韩国的标准语是有教养的人普遍使用的现代首尔话。首尔话从朝鲜王朝时代起就是朝鲜语的标准语，且首尔话在韩语方言中最有代表性。国立国语院通过建立《标准语规定》《标准语国语大辞典》和《韩语缀字法》分别对标准语的语音、词汇、语法进行了规范。韩国的《国语基本法》保证了韩语标准语的推广。目前，韩语标准语基本上已经达到了全面普及的水平。

中国的罗马字表记法是《汉语拼音方案》。《汉语拼音方案》既是中国人与外国沟通的工具，又是外国人学习汉语的工具，当前已经成为中文罗马字表记的国际标准。《汉语拼音方案》在准确性、简便性上都不够完善。而韩国的《国语的罗马字表记法》在融合性、简便性上符合本文对罗马字表记法的比较标准，只是在准确性和保障性上还存在一些问题。

中国的韩语外来语表记方式，主要分为汉字词直译和意译，外来词及固有词音译的方式表记。该方式在民族性、一致性、明确性、广泛性上均做得较好，只是在保障性上，还需要完善。韩国的汉语外来语表记方式，主要有汉字音表记和原地音表记。原地音表记又有“政府方案”、“严翼相方案”等多套方案，且政府方案与严翼相方案各有优缺点，亟须整合形成一套新的方案。

一方面，韩国的文字政策、罗马字表记政策、外来语表记政策还存在一些问题需要完善。而中国有很多成功的经验，这些经验对于改进韩国语言政策中存在的问题，有一定的借鉴意义。

第一，对韩国文字政策的改进建议。目前的韩国文字政策，主要存在两大问题。一是文字的拼写与口语不一致。这个问题主要是由于韩语的连读和音变造成的。解决的途径可以借鉴中国对“儿化”音变的文字记录经验，在不改变字母的前提下，改变文字的拼写规则，按照实际发音记录，尽量做到言文一致。比如，“몇일”（几日）已经写为“며칠”，可以继续探讨其他类似的单词，也修改为这种拼写方式。二是“头音法则”问题。韩语中汉字词占有大多数，但是根据汉字音来拼写汉字词时，却存在“头音法则”。使得原来在汉语中区别很大的姓氏，到韩文中拼写完全一样了。如俞、柳，在韩文中都写作유，无法区分。同样在地名上，南北朝鲜对同一个地名的写法不同，容易造成沟通的障碍。如北朝鲜的地名“罗先市”（라선시），韩国写作나선시。这个问题，完全可以通过修改“头音法则”，在拼写人名、地名的时候，根据汉字词原来的字音系统进行拼写，如在表示姓氏时，“柳”写为“류”，“俞”写为“유”，表示地名时，“罗先市”写作“라선시”，这样既不会改变韩语整体的拼写系统，又可以准确区分词义，并且与北朝鲜的交流也会更方便。

第二，对韩国罗马字表记法的改进建议。韩国的《国语的罗马字表记法》，在韩文字母与罗马字母的转换中，存在不考虑音变，直接按字母转写的情况。对于这个问题，可以通过修改方案规定，根据音素实际发音转写。另外，该方案在普及时没有保障手段，导致普及率低。这个问题可以借鉴中国的经验，将《国语的罗马字表记法》的推广写入《国语基本法》，保证《国语的罗马字表记法》在学校教育体系中应该占的课时比重，同时政治领袖、各界名人带头使用。另外，在电脑及手机输入法上，开发韩文罗马字输入法，以此来加大罗马字表记法在韩国国内的推广力度。同时，要积极向国际组织申请认证韩国政府的《国语的罗马字表记法》为韩文的罗马字表记法国际标准，利用韩国与美国的特殊关系，使美国的国会图书馆接受韩语罗马字表记法，以利于韩国政府的《国语的罗马字表记法》在世界上的推广。

第三，对韩国汉语外来语表记法的改进建议。韩国的汉语外来语表记政策，主要存在表记方式不统一的问题，现行的各种方案都不完善，各有优缺点。这个问题可以借鉴中国的经验，由政府组织学者，将现行《政府方案》与学者们所推行的各种方案整合起来，调整相关规定，形成一套统一的方案。允许使用“紧音”ㅃ、ㄸ、ㄲ来标记 b、d、g。尽量使用同一个韩文字母表示同一个汉语拼音音素，比如，“o”在“ao、ou、ong”中可以使用同一个韩文字母“오”来表记。对于容易引起两国之间误解的词语，采取原地音表记。比如：中国的“泡菜”不表记为“중국 김치（中国泡菜）”而表记为原地音的“파오차이”（pàocài），以避免因表记方式不同而产生的文化冲突。

另一方面，中国的罗马字表记政策和外来语表记政策也还存在一些问题。而韩国的经验对于改善中国语言政策中存在的问题，同样有一定的借鉴意义。

第一，对中国《汉语拼音方案》的改进建议。中国的《汉语拼音方案》目前主要存在两个问题。一是部分音节标音不准。比如：音节 bo，po，mo，fo 与实际发音有差异。这个问题，可以修改 b\p\m\f 与 o 相拼的规则，在 o 前增加介音 u，使《汉语拼音方案》的准确性得到增强。二是电脑输入的困难。《汉语拼音方案》规定了很多附加符号，用以标记声调和特殊的元音（如 ü）。由于与英文有差异，在输入电脑或手机时会造成困难，必须采取特殊字符输入才能解决，使用不方便。这个问题可以借鉴韩国《国语的罗马字表记法》的经验，尽量在现有英文字母的基础上，改变字母组合方式，不增加新字母，不添加附加符号。比如，可以把单元音ü，全部写作 yu 或者使用字母 v 代替。而对于声调符号，则可以在音节后加阿拉伯数字 1-2-3-4 来标记，这样就能减轻输入的麻烦。

第二，对中国的韩语外来语表记政策之改进建议。中国还没有专门的《韩语外来语汉字表记法》，使得韩语外来语的汉字表记还停留在约定俗成阶段，特别是对于少数固有词的音译用字，还没有统一标准。这个问题可以参照韩国的做法，制定专门的《韩文外来语汉字表记法》，从而规范韩文外来语表记用字。通过中国大学韩语专业的课程学习加以推广，为正确表记韩语外来语提供政策保障。

在制定相关的汉字表记法时，对于容易引起两国文化争议的部分固有词的翻译，要尽量避免使用意译的方式，造成类似的概念与中国原有文化相混淆。如对김치的汉字表记，可以考虑使用韩国政府力推的“辛奇”或者语音类似的词语，使之与中国原有词语“泡菜”做区别，避免不必要的文化争议。同时，由于韩语口语存在连读和音变较多，且韩国汉字音与中国的汉字发音差异较大。所以建议在用汉字表记韩国人名、地名时，除了用汉字音对应的汉字标注以外，还应打上括号，备注相应的罗马字读音，使不懂韩语的中国人在进行口头交际时，读韩语人名、地名时发音更加准确，与韩国人的沟通更加顺畅，进而促进两国旅游业、商务活动、学术交流的发展。比如，韩国总统的人名문재인可以表记为“文在寅（Mun Jae-in）”；地名“왕십리 역”可以标注为“往十里站（wangsimni yeok）”。

两国当代的语言政策，按照比较标准，已经找到了各自的优点和不足。除了本文提到的问题，中韩两国语言政策还存在其他一些问题，也是在今后的研究中需要重视的问题。

第一，中国语言政策研究的未来探索。①关于不区别意义的多音字规范。汉字中有一些不区别意义的多音字。比如，“血”读 xiě和 xuè；“似”读 shì和 sì；“薄”读 bó和 báo；“熟”读 shú和 shóu 等，这些完全同义的汉字是否有必要保留两个读音，能否规范为一字一音，目前学界还没有定论。②对于韩国部分使用固有词取的人名，如何用汉字表记还没有定论。比如，“보라”，在没有身份证汉字对照的情况下，表记为原地音的“宝拉”还是汉字音的“宝罗”，或者意译为“紫（보라，是韩语紫色的意思）”还有待研究。③汉字“哟、唷”的韵母 io，《汉语拼音方案》中没有给予其韵母地位，如何看待 io 的音韵地位，值得进一步讨论。

第二，韩国语言政策研究的未来探索。①关于韩文中存在的同音字母问题。现代韩语字母存在一个音位由两个字母表示的情况，使得音素与字母的对应关系变得复杂。比如，ㅔ和ㅐ，ㅚ和ㅙ发音完全一样，即使是韩国人也需要花时间去记忆相关单词的拼写，否则就会拼写错误如내일（明天），“네일”（美甲）读音完全一样。能否在不改变韩文字母的形体（即不改换为罗马字母或其他字母）及拼写规则的前提下，将现有的韩文字母按照同音字合并的原则进行精简，是未来可以探索的方向。②关于中国的地名、人名表记。目前韩国的汉语外来语韩文表记法中，无论哪套方案，在对中国地名的表记中都没有完全按照汉语普通话原地音原则表记。如西藏（티베트，Tibet）是按照少数民族语言（藏语）的发音来表记。香港（홍콩，Hong Kong）、澳门（마카오，Macau）是按照汉语方言（粤语）的发音来表记。这些地名的韩文标记，尚需按汉语原地音原则，统一到普通话读音中。另外，关于中国同音不同声调的地名，比如：“山西（shānxī）”和“陕西（shǎnxī）”的区别表记方式，以及中国朝鲜族人名、地名的表记方式（用原地音还是汉字音）还没有相关的明确规定。③韩国通过“国语醇化运动”，将大量的日语词和部分汉字词废止，恢复了部分固有词。但是由于固有词的总体数量较少，近年来源于英语等欧洲语言的外来词开始逐渐增多，如何控制英语外来词的迅猛增长，保持韩语的纯洁性也是一个值得探讨的问题。

第三，关于公共政策学角度的探索。本文的研究，主要是从语言学出发，对语言政策的方案制定探讨较多，对于语言政策的推行和评估探讨较少。未来从公共政策学角度出发，对语言政策普及阶段“实行的保障性”和语言政策评估阶段的“应用的广泛性”标准，还可以进行进一步的探讨。从推行的人员、推行的机构、经费保障等方面对“实行的保障性”设置更具体的比较标准。从社会成员的语言态度、语言政策的使用环境等方面对“应用的广泛性”设立更细致的比较标准。

以上问题都是下一步两国政府、学界应该重视的问题。希望通过本文的探讨，为相关问题的解决提供一些新的思路，为促进中韩两国的语言交往、增进文化理解提供一分力量。

附录1　中华人民共和国国家通用语言文字法

（2000年10月31日第九届全国人民代表大会常务委员会第十八次会议通过）

第一章　总则

第一条　为推动国家通用语言文字的规范化、标准化及其健康发展，使国家通用语言文字在社会生活中更好地发挥作用，促进各民族、各地区经济文化交流，根据宪法，制定本法。

第二条　本法所称的国家通用语言文字是普通话和规范汉字。

第三条　国家推广普通话，推行规范汉字。

第四条　公民有学习和使用国家通用语言文字的权利。

国家为公民学习和使用国家通用语言文字提供条件。

地方各级人民政府及其有关部门应当采取措施，推广普通话和推行规范汉字。

第五条　国家通用语言文字的使用应当有利于维护国家主权和民族尊严，有利于国家统一和民族团结，有利于社会主义物质文明建设和精神文明建设。

第六条　国家颁布国家通用语言文字的规范和标准，管理国家通用语言文字的社会应用，支持国家通用语言文字的教学和科学研究，促进国家通用语言文字的规范、丰富和发展。

第七条　国家奖励为国家通用语言文字事业做出突出贡献的组织和个人。

第八条　各民族都有使用和发展自己的语言文字的自由。

少数民族语言文字的使用依据宪法、民族区域自治法及其他法律的有关规定。

第二章　国家通用语言文字的使用

第九条　国家机关以普通话和规范汉字为公务用语用字。法律另有规定的除外。

第十条　学校及其他教育机构以普通话和规范汉字为基本的教育教学用语用字。法律另有规定的除外。

学校及其他教育机构通过汉语文课程教授普通话和规范汉字。使用的汉语文教材，应当符合国家通用语言文字的规范和标准。

第十一条　汉语文出版物应当符合国家通用语言文字的规范和标准。

汉语文出版物中需要使用外国语言文字的，应当用国家通用语言文字做必要的注释。

第十二条　广播电台、电视台以普通话为基本的播音用语。

需要使用外国语言为播音用语的，须经国务院广播电视部门批准。

第十三条　公共服务行业以规范汉字为基本的服务用字。因公共服务需要，招牌、广告、告示、标志牌等使用外国文字并同时使用中文的，应当使用规范汉字。

提倡公共服务行业以普通话为服务用语。

第十四条　下列情形，应当以国家通用语言文字为基本的用语用字：

（一）广播、电影、电视用语用字；

（二）公共场所的设施用字；

（三）招牌、广告用字；

（四）企业事业组织名称；

（五）在境内销售的商品的包装、说明。

第十五条　信息处理和信息技术产品中使用的国家通用语言文字应当符合国家的规范和标准。

第十六条　本章有关规定中，有下列情形的，可以使用方言：

（一）国家机关的工作人员执行公务时确需使用的；

（二）经国务院广播电视部门或省级广播电视部门批准的播音用语；

（三）戏曲、影视等艺术形式中需要使用的；

（四）出版、教学、研究中确需使用的。

第十七条　本章有关规定中，有下列情形的，可以保留或使用繁体字、异体字：

（一）文物古迹；

（二）姓氏中的异体字；

（三）书法、篆刻等艺术作品；

（四）题词和招牌的手书字；

（五）出版、教学、研究中需要使用的；

（六）经国务院有关部门批准的特殊情况。

第十八条　国家通用语言文字以《汉语拼音方案》作为拼写和注音工具。

《汉语拼音方案》是中国人名、地名和中文文献罗马字母拼写法的统一规范，并用于汉字不便或不能使用的领域。

初等教育应当进行汉语拼音教学。

第十九条　凡以普通话作为工作语言的岗位，其工作人员应当具备说普通话的能力。

以普通话作为工作语言的播音员、节目主持人和影视话剧演员、教师、国家机关工作人员的普通话水平，应当分别达到国家规定的等级标准；对尚未达到国家规定的普通话等级标准的，分别情况进行培训。

第二十条　对外汉语教学应当教授普通话和规范汉字。

第三章　管理和监督

第二十一条　国家通用语言文字工作由国务院语言文字工作部门负责规划指导、管理监督。

国务院有关部门管理本系统的国家通用语言文字的使用。

第二十二条　地方语言文字工作部门和其他有关部门，管理和监督本行政区域内的国家通用语言文字的使用。

第二十三条　县级以上各级人民政府工商行政管理部门依法对企业名称、商品名称以及广告的用语用字进行管理和监督。

第二十四条　国务院语言文字工作部门颁布普通话水平测试等级标准。

第二十五条　外国人名、地名等专有名词和科学技术术语译成国家通用语言文字，由国务院语言文字工作部门或者其他有关部门组织审定。

第二十六条　违反本法第二章有关规定，不按照国家通用语言文字的规范和标准使用语言文字的，公民可以提出批评和建议。

本法第十九条第二款规定的人员用语违反本法第二章有关规定的，有关单位应当对直接责任人员进行批评教育；拒不改正的，由有关单位做出处理。

城市公共场所的设施和招牌、广告用字违反本法第二章有关规定的，由有关行政管理部门责令改正；拒不改正的，予以警告，并督促其限期改正。

第二十七条　违反本法规定，干涉他人学习和使用国家通用语言文字的，由有关行政管理部门责令限期改正，并予以警告。

第四章　附则

第二十八条　本法自 2001 年 1 月 1 日起施行。

附录 2　韩国《国语基本法》

국어기본법

[일부개정 2008.2.29 법률 제 8852 호]

[일부개정 2008.3.28 법률 제 9003 호]

제 1 장 총칙

제 1 조 (목적) 이 법은 국어의 사용을 촉진하고 국어의 발전과 보전의 기반을 마련하여 국민의 창조적 사고력의 증진을 도모함으 로써 국민의 문화적 삶의 질을 향상하고 민족문화의 발전에 이바지 함을 목적으로 한다.

제 2 조 (기본 이념) 국가와 국민은 국어가 민족 제일의 문화유산이며 문화창조의 원동력임을 깊이 인식하여 국어발전에 적극적으로 힘씀으로써 민족문화의 정체성을 확립하고 국어를 잘 보전하여 후손에게 계승할 수 있도록 하여야 한다.

제 3 조 (정의) 이 법에서 사용하는 용어의 정의는 다음과 같다.

1. "국어" 라 함은 대한민국의 공용어로서 한국어를 말한다.

2. "한글" 이라 함은 국어를 표기하는 우리의 고유문자를 말한다.

3. "어문규범" 이라 함은 제 13 조의 규정에 의한 국어심의회의 심의를 거쳐 제정한 한글맞춤법, 표준어규정, 표준어발음법, 외래어표기법, 국어의 로마자표기법 등 국어사용에 필요한 규범을 말한다.

4. "공공기관" 이라 함은 국가기관, 지방자치단체, 정부투자기관관리기본법 제 2 조의 규정에 의한 정부투자기관 그 밖에 법률에 의하여 설립된 특수법인을 말한다.

5. “국어능력”이라 함은 국어를 통하여 생각이나 느낌 등을 정확하게 표현하고 이해하는 데 필요한 듣기·말하기·읽기·쓰기 등의 능력을 말한다.

제4조 (국가와 지방자치단체의 책무) ① 국가와 지방자치단체는 변화하는 언어사용환경에 능동적으로 대응하고, 국민의 국어능력의 향상과 지역어의 보전 등 국어의 발전과 보전을 위하여 노력하여야 한다.

② 국가와 지방자치단체는 정신·신체상의 장애에 의하여 언어사 용에 어려움을 겪고 있는 국민이 불편 없이 국어를 사용할 수 있도 록 필요한 정책을 수립하여 시행하여야 한다.

제5조 (다른 법률과의 관계) 국어의 사용과 보급 등에 관하여 다른 법률에 특별한 규정이 있는 경우를 제외하고는 이 법이 정하는 바에 따른다.

제2장 국어발전기본계획의 수립 등

제 6 조 (국어발전기본계획의 수립) ①문화체육관광부장관은 국어의 발전과 보전을 위하여 5 년마다 국어발전기본계획 (이하 “기본계획”이라 한다) 을 수립·시행하여야 한다.

② 문화체육관광부장관은 기본계획을 수립하고자 하는 경우에는제13조의 규정에 의한 국어심의회의 심의를 거쳐야 한다.

③ 기본계획에는 다음 각호의 사항이 포함되어야 한다.

1. 국어정책의 기본방향과 추진목표에 관한 사항
2. 어문규범의 제정 및 개정의 방향에 관한 사항
3. 국민의 국어능력증진과 국어사용환경의 개선에 관한 사항
4. 국어정책과 국어교육의 연계에 관한 사항
5. 국어의 선양과 국어문화유산의 보전에 관한 사항

6. 국어의 국외보급에 관한 사항

7. 국어의 정보화에 관한 사항

8. 남북한 언어통일방안에 관한 사항

9. 정신·신체 상의 장애에 의하여 언어사용에 어려움을 겪고 있는 국민 및 국내 거주 외국인의 국어사용 상의 불편 해소에 관한 사항

10. 국어발전을 위한 민간부문의 활동 촉진에 관한 사항

11. 그 밖에 국어의 사용 • 발전 및 보전에 관한 사항

제 7 조 (시행계획의 수립 등) ① 문화체육관광부장관은 기본계획을 실천하기 위한 세부계획 (이하 "시행계획" 이라 한다) 을 수 립 • 시행하여야 한다.

② 문화체육관광부장관은 시행계획의 수립·시행과 관련하여 필요한 경우 해당 공공기관의 장에게 협조를 요청할 수 있다.

제 8 조 (보고) 정부는 2 년마다 국어의 발전과 보전에 관한 시책 및 그 시행결과에 관한 보고서를 당해 연도 정기국회 개시 전까지 국회에 제출하여야 한다.

제 9 조 (실태조사 등) ① 문화체육관광부장관은 국어정책의 수 립에 필요한 국민의 국어능력 • 국어의식 • 국어사용환경 등에 관한 자료를 수집하거나 실태를 조사할 수 있다.

② 문화체육관광부장관은 제 1 항의 규정에 의한 자료수집이나 실태조사를 위하여 필요한 경우에는 국가기관 및 국어 관련 법인 • 단체 등에 대하여 자료의 제출이나 의견의 진술 등을 요구할 수 있다.

③ 국어능력·국어의식·국어사용환경 등 실태조사의 실시에 관하여 필요한 사항은 대통령령으로 정한다.

제 10 조 (국어책임관의 지정) ① 국가기관 및 지방자치단체의 장은 국어의 발전 및 보전을 위한 업무를 총괄하는 국어책임관을 그 소속공무원 중에서 지정할 수 있다.

② 제 1 항의 규정에 의한 국어책임관의 지정 및 임무 등에 관하 여 필요한 사항은 대통령령으로 정한다.

제 3 장 국어사용의 촉진 및 보급

제11조 (어문규범의 제정 등) 문화체육관광부장관은 제13조의 규정에 의한 국어심의회의 심의를 거쳐 어문규범을 제정하고, 그 내용을 관보에 고시하여야 한다. 이를 개정하는 경우 에도 또한 같다.

제 12 조 (어문규범의 영향평가) ①문화체육관광부장관은 어문규범이 국민의 국어사용에 미치는 영향과 어문규범의 현실성 및 합리성 등을 평가하여 정책에 반영하여야 한다.

②제 1 항의 규정에 의한 평가의 항목•방법 및 시기에 관한 사항은 대통령령으로 정한다.

제 13 조 (국어심의회) ① 국어의 발전과 보전을 위한 중요사항을 심의하기 위하여 문화체육관광부에 국어심의회 (이하 "국어심 의회" 라 한다) 를 둔다.

② 국어심의회는 다음 각호의 사항을 심의한다.

1. 기본계획의 수립에 관한 사항

2. 어문규범의 제정 및 개정에 관한 사항

3. 그 밖에 국어의 발전과 보전에 관하여 문화체육관광부장관이 부의하는 사항

③ 국어심의회는 위원장 1 인과 부위원장 1 인을 포함한 60 인 이내의 위원으로 구성한다.

④ 위원장과 부위원장은 위원 중에서 호선하고, 위원은 국어•언 어학 또는 이와 관련된 분야에 전문지식이 있는 자 중에서 문화체 육관광부장관이 위촉한다.

⑤ 제 2 항 각호의 사항을 심의하기 위하여 국어심의회에 분과위 원회를 둘 수 있다.

⑥ 제 1 항의 규정에 의한 국어심의회의 구성 및 운영 등에 관하 여 필요한 사항은 대통령령으로 정한다.

제 14 조 (공문서의 작성) ① 공공기관의 공문서는 어문규범에 맞추어 한글로 작성하여야 한다. 다만, 대통령령이 정하는 경우에는 괄호 안에 한자 또는 다른 외국문자를 쓸 수 있다.

② 공공기관이 작성하는 공문서의 한글사용에 관하여 그 밖에 필요한 사항은 대통령령으로 정한다.

제 15 조 (국어문화의 확산) ①문화체육관광부장관은 바람직한 국어문화가 확산될 수 있도록 신문·방송·잡지·인터넷 또는 전광판 등을 활용한 홍보와 교육을 적극적으로 시행하여야 한다.

② 신문•방송•잡지•인터넷 등의 대중매체는 국민의 올바른 국어사용에 이바지하도록 노력하여야 한다.

제 16 조 (국어정보화의 촉진) ① 문화체육관광부장관은 국어를 통하여 지식•정보를 생산하고 활용하여 새로운 문화를 창조 할 수 있도록 국어정보화를 위한 각종 사업을 적극 시행하여야 한다.

② 국가는 인터넷 및 원격정보통신서비스망 등 정보통신망을 활용하는 국민이 국어를 편리하게 사용할 수 있도록 필요한 정책을 시행하여야 한다.

③ 정보통신망이용촉진및정보보호등에관한법률 제 2 조제 3 호의 규정에 의한 정보통신서비스제공자는 국민이 국어를 편리하게 사용할 수 있도록 필요한 조치를 하여야 한다.

제 17 조 (전문용어의 표준화 등) 국가는 국민이 각 분야의 전 문용어를 쉽고 편리하게 사용할 수 있도록 표준화하고 체계화하여 보급하여야 한다.

제 18 조 (교과용 도서의 어문규범 준수) 교육과학기술부장관은 초·중등교육법 제 29 조의 규정에 의한 교과용 도서를 편찬하거나 검정 또는 인정하는 경우에는 어문규범을 준수하여야 하며, 이를 위하여 필요한 경우 문화체육관광부장관과 협의할 수 있다.

제 19 조 (국어의 보급 등) ①국가는 국어를 배우고자 하는 외 국인과 재외동포의출입국과법적지위에관한법률에 의한 재외동포 (이 하 "재외동포" 라 한다) 를 위하여 교육과정과 교재를 개발하 고 전문가를 양성하는 등 국어의 보급에 필요한 사업을 시행하여야 한다.

②문화체육관광부장관은 재외동포나 외국인을 대상으로 국어를 가르치고자 하는 자에게 자격을 부여할 수 있다.

③제 2 항의 규정에 의한 자격요건 및 자격부여의 방법 등에 관하여 필요한 사항은 대통령령으로 정한다.

제 20 조 (한글날) ①정부는 한글의 독창성과 과학성을 국내외 에 선양하고 범국민적 한글사랑 의식을 고취하기 위하여 매년 10 월 9 일을 한글날로 정하고, 기념행사를 행한다.

②제 1 항의 규정에 의한 기념행사에 관하여 필요한 사항은 대통 령령으로 정한다.

제 21 조 (민간단체 등의 활동 지원) 국가와 지방자치단체는 국어의 발전과 보급을 목적으로 활동하는 법인·단체 등에 대하여 예산의 범위 안에서 필요한 지원을 할 수 있다.

제 4 장 국어능력의 향상

제 22 조 (국어능력의 향상을 위한 정책 등) ① 국가와 지방자치단체는 국민의 국어능력향상을 위한 기회를 균등하게 제공 하는 데에 힘써야 하며, 국어능력의 향상에 필요한 정책을 수립하여 시행하여야 한다.

② 제 1 항의 규정에 의한 정책을 효율적으로 추진하기 위하여 관계 중앙행정기관 간의 협의기구를 구성•운영할 수 있다.

③ 협의기구의 구성 및 운영에 관하여 필요한 사항은 대통령령으로 정한다.

제 23 조 (국어능력의 검정) ①문화체육관광부장관은 국민의 국어능력의 향상과 창조적인 언어생활의 정착을 위하여 국어능력을 검정할 수 있다. 〈개정 2008.2.29〉

② 제 1 항의 규정에 의한 국어능력의 검정방법·절차·내용 및 시기에 관하여 필요한 사항은 대통령령으로 정한다.

제 24 조 (국어문화원의 지정 등) ① 문화체육관광부장관은 국 민들의 국어능력을 높이고 국어와 관련된 상담을 할 수 있도록 대통령령이 정하는 전문인력과 시설을 갖춘 국어관련 전문기관•단체 또는 고등교육법 제 2 조의 규정에 의한 학교의 부설기관 등을 국어문화원으로 지정할 수 있다.

② 국가는 제 1 항의 규정에 따라 지정된 국어문화원에 대하여 운영에 필요한 경비의 일부를 예산의 범위 안에서 보조할 수 있다.

③ 문화체육관광부장관은 지정된 국어문화원이 전문인력과 시설을 유지하지 못하여 국어문화원으로서의 기능을 계속 수행하기 어렵다고 인정할 때에는 지정을 취소할 수 있다.

④ 제 1 항의 규정에 의한 국어문화원의 지정방법 등에 관하여

필요한 사항은 대통령령으로 정한다.

제 5 장 보칙

제 25 조 (협의) 중앙행정기관의 장은 국어의 사용에 관한 내용이 포함된 법령을 제정하거나 개정하고자 할 때에는 미리 문화체육관광부장관과 협의하여야 한다.

제 26 조 (청문) 문화체육관광부장관은 제 24 조제 3 항의 규정에 따라 국어상담소의 지정을 취소하고자 하는 경우에는 청문을 실시 하여야 한다.

제 27 조 (권한의 위임·위탁) ① 문화체육관광부장관은 이 법에 의한 권한의 일부를 대통령령이 정하는 바에 따라 특별시장•광역시장 또는 도지사에게 위임할 수 있다.

② 문화체육관광부장관은 이 법에 의한 업무의 일부를 대통령령이 정하는 바에 따라 관련 기관·단체 등에 위임 또는 위탁할 수 있다.

부칙 〈제 7367 호, 2005. 1. 27〉

제 1 조 (시행일) 이 법은 공포 후 6 월이 경과한 날부터 시행한다.

제 2 조 (다른 법률의 폐지) 한글전용에관한법률은 폐지한다.

제 3 조 (공문서의 작성에 관한 적용례) 제 14 조의 규정은 이 법 시행 후 최초로 작성하는 공문서부터 적용한다.

제 4 조 (어문규범에 관한 경과조치) 이 법 시행 당시 종전의 문화예술진흥법 제 7 조의 규정에 의한 어문규범은 제 11 조의 규정에 의한 어문규범으로 본다.

제 5 조 (국어심의회에 관한 경과조치) 이 법 시행 당시 종전

의 문화예술진흥법 제 6 조의 규정에 따라 설치된 국어심의회는 제 13 조의 규정에 따라 설치된 국어심의회로 본다.

제 6 조 (다른 법률의 개정) 문화예술진흥법 중 다음과 같이 개정한다.

제 2 장 (제 5 조 내지 제 8 조) 을 삭제한다.

附录 3　中韩历史年代对应表

中国	年代	韩国
西周（公元前1122—256年）	公元前12世纪	古朝鲜
东周 春秋时期（公元前770—476年）	公元前8世纪	卫满朝鲜（公元前194—前107年） 汉四郡（公元前108—公元313年）
战国时期（公元前475—221年）		
秦代（公元前221—206年） 西汉（公元前206—9年）	公元前3世纪	三韩时代： 马韩（公元前1世纪—公元3世纪） 辰韩（公元1世纪—公元4世纪） 弁韩（公元1世纪—公元4世纪）
东汉（25—220年）	公元前1世纪	三国时期： 新罗（公元前57—公元935年） 高句丽（公元前37—公元668年） 百济（公元前18—公元660年）
三国（公元220—280年） 晋（公元265—420年）	公元1世纪	
南北朝（公元420—581年）	公元3—7世纪	
隋（公元581—618年） 唐（公元618—906年）		统一新罗（公元618—935年）
五代（公元906—960年） 宋代（公元960—1279年）	公元10世纪	后三国时代（公元892—936年）
元代（公元1279—1368年）	公元13世纪	高丽王朝（公元918—1392年）
明代（公元1368—1644年）	公元14世纪	朝鲜王朝（公元1392—1910年）
清代（公元1644—1911年）	公元17世纪	
	公元19世纪	
中华民国（公元1912—1949年）	公元20世纪	日本殖民时期(公元1910—1945年) 美军政府时期(公元1945—1948年)
中华人民共和国（公元1949—）		大韩民国（公元1948—）

参考文献

一　中文资料

安炳浩、尚玉河：《韩语发展史》，北京大学出版社 2009 年版。

《北京语言大学现代汉语语料库（BCC）》，http://bcc.blcu.edu.cn/。

陈辉：《韩语罗马字表记法的历史与现状》，《浙江大学学报》（人文社会科学版）2002 年第 3 期。

陈章太：《语言规划研究》，商务印书馆 2005 年版。

陈章太：《论语言规划的基本原则》，《语言科学》2005 年第 2 期。

陈章太、谢俊英：《语言文字工作稳步发展的 60 年》，《语言文字应用》2009 年第 4 期。

戴红亮：《台湾拼音政策及措施梳略》，《苏州教育学院学报》2012 年第 2 期。

戴维•约翰逊（David C. Johnson）：《语言政策》，方小兵译，外语教学与研究出版社 2016 年版。

邓丹：《跨语言塞音的感知同化研究——兼论发声类型 VOT 音高在塞音感知同化中的作用》，《语言科学》2018 年第 5 期。

冯志伟：《论语言文字的地位规划和本体规划》，《中国语文》2000 年第 4 期。

冯志伟：《转写和译音是两个不同的概念》，《中国科技术语》2012 年第 5 期。

傅永和：《汉字的整理和简化》，载《新时期的语言文字工作》，语文出版社 1987 年版。
高斗星：《凤鸣九天贯古今：中华民族母语的形成、源头发展及意义》，《滁州学院学报》2020 年第 6 期。
郭沫若：《古代文字之辩证的发展》，《文物》1972 年第 3 期。
郭龙生：《中国当代普通话推广政策的价值取向研究》，《修辞学习》2004 年第 3 期。
郭龙生：《略论中国当代语言规划的方法论原则》，《学术研究》2006 年第 12 期。
胡壮麟：《语言规划》，《语言文字应用》1993 年第 2 期。
黄伯荣、廖序东：《现代汉语（增订第六版，上册）》，高等教育出版社 2017 年版。
黄晓蕾：《民国时期语言政策研究》，中国社会科学出版社 2013 年版。
教育部语言文字信息管理司编：《语言文字规范标准》，商务印书馆 2017 年版。
李得春：《中韩语言文字关系史研究（上）》，延边教育出版社 2003 年版。
李得春：《中韩语言文字关系史研究（下）》，延边教育出版社 2003 年版。
李建国：《汉语规范史略》，语文出版社 2000 年版。
李娜、王琳：《语言政策与语言的命运——八思巴文与满文的衰落》，《内蒙古大学学报》（社会科学版）2014 年第 2 期。
李宇明：《中国语言规划续论》，商务印书馆 2010 年版。
李宇明：《序：中国语言文字事业 70 年》，载《中国语言生活状况报告（2019）》，商务印书馆 2019 年版。
李忠辉：《汉至清代朝鲜语译员的设置及活动研究》，《东疆学刊》2017 年第 4 期。
李子瑄、曹逢甫：《汉语语言学》，正中书局 2013 年版。
李正子：《论韩国语的系统和渊源》，《青岛大学师范学院学报》1998 年第 4 期。

黎锦熙：《国语运动史纲》，商务印书馆 2011 年版。
林翔：《从“简字”到“简体字”——清末民初文字改良策略的调整》，《中国语文》2020 年第 3 期。
陆费逵：《陆费逵文选》，中华书局 2011 年版。
鲁子问：《国家治理视野的语言政策》，《社会主义研究》2008 年第 6 期。
穆彪：《中韩语言政策对比——以中韩两国对通用语言的语言政策为中心》，《现代语文》2018 年第 6 期。
濮之珍：《中国语言学史》，上海古籍出版社 2002 年版。
[韩]任少英：《中国韵书传入韩国考略》，《河南师范大学学报》（哲学社会科学版）2003 年第 1 期。
任晓菲、孙昕、夏丽媛：《中国传世辞书在汉字文化圈的传播与影响——以〈尔雅〉在朝鲜半岛的传播为例》，《江苏大学学报》（社会科学版）2021 年第 2 期。
色•贺其业勒图：《论语言政策》，《内蒙古师大学报》1994 年第 2 期。
沈海英：《多国语言比较研究》，云南人民出版社 2014 年版。
施春宏：《关于语言规范化原则的确立》，载于根元《世纪之交的应用语言学》，北京广播学院出版社 1996 年版。
世界华语文教育会：《国语运动百年史略》，中国台北：国语日报社 2012 年版。
宋均芬：《简评汉字注音的前世今生》，《汉字文化》2013 年第 5 期。
苏培成：《当代中国的语文改革和语文规范》，商务印书馆 2010 年版。
唐铭逸、任晓菲：《中国传世辞书在汉字文化圈的传播与影响——〈说文解字〉在朝鲜半岛的旅行》，《文教资料》2020 年第 34 期。
唐作藩：《普通话语音史话》，商务印书馆 2018 年版。
王翠叶：《简论〈通用规范汉字表〉制定的特点及问题的解决》，《陕西师范大学学报》（哲学社会科学版）2020 年第 2 期。
王浩、严翼相：《汉语词外译韩文标记现况与方式比较研究》，《南开语言学刊》2020 年第 1 期。

王晖：《普通话水平测试阐要》，商务印书馆 2013 年版。
王理嘉：《汉语拼音运动与汉民族标准语》，语文出版社 2003 年版。
王世凯：《语言政策理论与实践》，中国社会科学出版社 2015 年版。
行政院客家委员会：《各国语言政策——多元文化与族群平等》，中国台北：前卫出版社 2002 年版。
徐大明：《当代社会语言学》，中国社会科学出版社 1997 年版。
许嘉璐：《语言文字学及其应用研究》，广东教育出版社 1999 年版。
许嘉璐：《未了集——许嘉璐讲演录》，贵州人民出版社 2002 年版。
向熹：《简明汉语史（修订本）（上）》，商务印书馆 2010 年版。
叶玉贤：《语言政策与教育——马来西亚与新加坡之比较》，中国台北：前卫出版社 2002 年版。
于根元：《制订语言计划的若干原则》，载程祥徽《澳门语言论集》，澳门：澳门社会科学学会 1992 年版。
张治国：《中美语言教育政策比较研究——以全球化时代为背景》，北京大学出版社 2012 年版。
竺家宁：《声韵学》，台北：五南图书出版社 2012 年版。
宗成庆：《中文信息处理研究现状分析》，《语言战略研究》2016 年第 6 期。
周庆生：《中国“主体多样”语言政策的发展》，《新疆师范大学学报》（哲学社会科学版）2013 年第 2 期。

二 韩文资料

강현석·강윤희 등 : 『한국 사회언어학 연구 30 년의 성과와 과제』, 서울: 글로벌콘텐츠., 2021 年。
康惠根 : 「중국어 한글표기법에서 고려되어야 할 문제와 표기 방안」, 『중국어문학논집』2008 年第 50 期。
국립국어원. 표준어대사전, https://stdict.korean.go.kr/。
국립국어원 : 국어 교사의 표준어 사용 실태 조사, 1997 年第 1 期。
국립국어원 : 국어 교사의 표준어 사용 실태 조사, 2001 年第 2 期。

김영만 : 「현대중국어의한글표기」, 『어학연구회눈문요지』 20003 年第 4 期。

金圓卿 : 「言語와 言語政策 -유럽몇나라의 言語政策을 中心으로」, 『국어교육』 1983 年第 44 期。

김재원 : 「남한 표준어 규정 정책의 변화 연구」, 『한국사상과 문화』 제 100 집, 2019 年。

金昌辰 : 『語文政策資料集 11「한글전용은 違憲이다』, 서울: 語文政策正常化推進委員會 2013 年版。

김봉국 : 「국어사 지식을 고려한 표준어 선정」, 『영주어문』. 제 25 집, 2013 年。

김하수 : 「독일의 언어정책」 국어학회 편, 『세계의 언어정책』, 서울: 태학사, 1993 年。

김희성 : 「한국어 활음을 활용한 중국어 표기법 연구」, 연세대학교 석사 학위 논문, 2007 年。

南廣祐 : 『國語國字論集』, 서울: 一朝閣 1995 年版。

LI XIAOYU : 「한·중 자국어 국외 보급 정책에 대한 비교 연구-국외 자국어 교육기관 운영을 중심으로-」,연세대학교 석사 학위논문, 2020 年。

맹주억 권영실 : 「한·중 파열음의 음성학적 대조연구- 한국어 'ㄷ/ㄸ'과 중국어 'd' 에 대하여」, 『中語中文學』 2007 年第 41 期。

맹주억 권영실 : 「한·중 파열음의 음성학적 대조연구-한국어 'ㄱ/ㄲ'과 중국어 'g'에 대하여」, 『中國語文學誌』 2007 年第 25 期。

박기철 : 「한자적 사고를 통한 창의적 소통」, 『지역과 커뮤니케이션』 2016 年第 20 卷第 4 期。

박나영·량야오중 : 「지식 생산의 기반과 소학 (小學) ·문자 학습 자료」, 『지식 생산의 기반,지형 변화,사회화를 위한 DB 구축 이론과 실제』 서울: 경진, 2019 年。

박은선 : 『「국어의 로마자 표기법」의 국어교육적 활용 연구 : 고등학교「문법」영역을 중심으로』 연세대학교 교육대학원, 석사학위

논문，2020年。

박영록：「중국 한자어 원지음 표기의 문제점」，『大東文化研究』2011年第76期。

박지홍：「국어 정책론」，『한힌샘주시경연구（1）』1988 年第5期。

배재석：「Cyber 상의 중국어 표기법 연구」，『중국어문학눈 집』2002年第19期。

서행범 등：『건국60년, 우리말이 걸어온 길』，국립국어원，2008年。

송기형：「프랑스와 한국의 언어정책 비교연구（1）」，『한국프랑스학논집』2015年第89期。

宋基中：「言語政策」국어학회 편『세계의 언어정책』서울: 태학사，1992年。

申雅莎：「중국어 한글표기법에 대하여-운모 부분을 중심으로-」，『중국어문학 논집』2008年第52期。

申昌淳：『國語近代表記法의 展開』，서울: 태학사，2003年。

심소희：「한글-중국어 병음 체계의 연구」，한글，1999年第245期。

심소희：「조선시대 외국어 한글표기법의 고찰」，『中國語文學誌』2005年第17輯。

安秉熙：『國語研究와 國語政策』，서울: 월인，2009年。

양명희：「국어정책에 대한 새로운 인식과 태도」，『우리 말글』2014年第60期。

엄익상：「중국어 한글 표기법 재수정안」，『중어중문학』2002 年第31期。

엄익상：「한국어 로마자 표기법의 수용도와 개정 방향」，『韓中言語文化研究』2013年第31輯。

엄익상：「외래 인명·지명에 관한 동아시아 언어정책 차이의 원인 분석 및 소통 제고를 위한 제안」，『東亞人文學』2014 年第27輯。

엄익상：『중국어 음운론과 응용』（제 2 판） 서울: 한국문화사
왈라번 보데윈.2017.「하멜의 조선표류와 강진 생활이 함축하는 의미」，『다산과 현대』2016 年第 10 期。

WANG YIFEI：「한국과 중국의 지역 방언 정책 및 방언 의식에 대한 비교 연구」 연세대학교 석사 학위논문, 2020 年。

유새아：「조선총독부와 만주국의 언어정책에 대한 비교 연구」고려대학교 석사 학위논문, 2018 年。

李覲洙：『朝鮮朝의 語文政策 研究（改訂版）』，서울: 弘毅大學校出版部 1987 年版。

이용주：「文字政策懸案으로서의 漢字廢止」，『국어연구소』1990 年第 20 期。

이지원：『중국어 외래어의 연구』，서울: 역락, 2014 年。

장호득：「중국어 한글 표기법의 원칙과 한계」，『中國語文論譯叢刊』2003 年第 11 期。

정준섭：『어문 교육 정책사 연구』，서울: (주) 교학사, 2015 年。

정희원：「역대 주요 로마자 표기법 비교」，『새국어생활』1997 年第 2 期。

정희원：「외래어 표기법의 중국어 표기 규정과 관련하여」，『한국어문교열기자협회 세미나 발표 및 토론문집』2004 年第 24 期。

정희원：「언어 계획（Language Planning）」， 한국사회언어학회 편,『사회언어학사전』서울: 서통, 2012 年。

정희창：「표준어의 성립과 변화-“표준말모음（1936）”에서“표준국어대사전（1999）”까지」，『泮橋語文研究』2014 年第 35 期。

전광진：「중국어 자음의 한글 표기법에 대한 음성학적 대비 분석」，『中國文學研究』1999 年第 19 期。

趙寬熙：「중국어 한글표기법 논의를 바라보는 한 시각」，『중국어 문학논집』2009 年第 58 期。

조선어학회：『한글 마춤법 통일안（七版）』，漢城：漢城圖書株式會社 1937 年版。

조태린：「표준어 정책의 문제점과 대안 모색」，『한말연구』제20호，2007年。

조태린：「언어정책이란 무엇인가」，『세국어생활』2010年第20期。

韓國語文教育研究會：『蘭汀 南廣祐 文集Ⅱ. 國語政策』，서울: 월인，2007年。

韓國語文教育研究會：『蘭汀 南廣祐 文集Ⅳ. 漢字教育』，서울: 월인，2007年。

許大寧：『吳天賜과 美軍政期教育政策』，서울: 한국학술정보（주），2009年。

허재영：『근대 계몽기 어문 정책과 국어 교육』，서울: 보고사，2010年。

허재영：『통감시대 어문 교육과 교과서 침탈의 역사』，서울: 경진，2010年。

허재영：『일제강점기 어문 정책과 어문 생활』，서울: 경진，2011年。

邢鎭義：「近代國民國家와 標準語政策의 史的考察 — 多文化社会를 향한 言語政策의 観点에서」，『일본문화학보』2012年第52期。

홍인표：『중국의 언어정책』，서울: 고려원，1994年。

황용주：「한국의 언어 관리 정책」，『국어문학』2011年第50期。

三 英文资料

Choe, Hoh-Sung，*Language Education Policy in Korea, Japan, and Taiwan*，신영어영문학，2016，63：1-24.

Eom, Ik-sang，*Years of Language Contact between Korean and Chinese Oxford Handbook of Chinese Linguistics*，William S-Y Wang and Chaofen Sun eds，Chapter 17：226-235. Oxford: Oxford University Press，2015，2200.

Eom, Ik-sang，*Encyclopedia of Chinese Language and Linguistics*，Rint Sybesma ed. Leiden：Brill，2017.

Einar Haugan, *Planning for a Standard Language in Modern Norway*，Nthropological Linguistics，1959，1（3）：8-21.

Einar Haugan，Linguistics and Language William Bright（ed.），Sociolin-

Einar Haugan，Linguistics and Language Planning.William Bright（ed.），*Sociolinguistics*，1971：50-71.

Fishman. Joshua A.（ed），*Advances in Language Planning*，The Hague：Mouto，1974.

Guistics.Proceedings of the UCLA Sociolinguistics conference，1964，the Hagen：Mouton，1966.

Neustupny, J. V.，*Basic Types of Treatment of Language Problems*，in Fishman, Joshua A.（ed），1970：37-48.

Rubin , Joan， *Evaluation and Language Planning*，in Rubin and Jernudd（eds），1971：217-251.

Robert B. Kaplan, Richard B. Baldauf Jr，*Language Planning，from Practice to Theory*，Multilingual Matters Ltd.，1997.

Spolsky, B.，*Language Policy*，Cambridge：Cambridge University Press，2004.